Sekundarstufe

Friedhelm Heitmann

Olympische Spiele früher & heute

Ein Quantensprung im Leistungssport

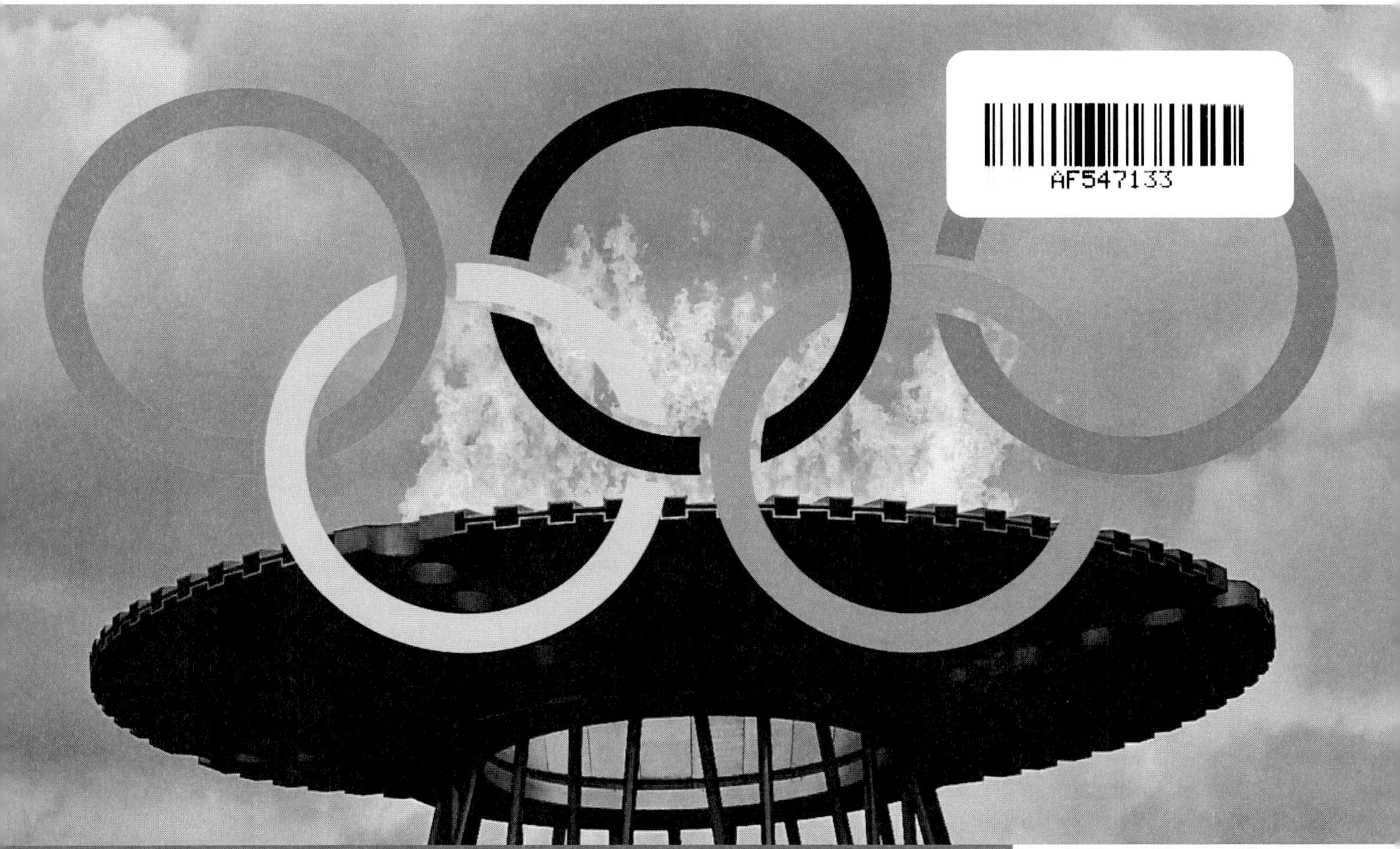

AF547133

- Die sportliche Entwicklung verständlich erklärt
- Infos über Sportarten und Sportgeräte

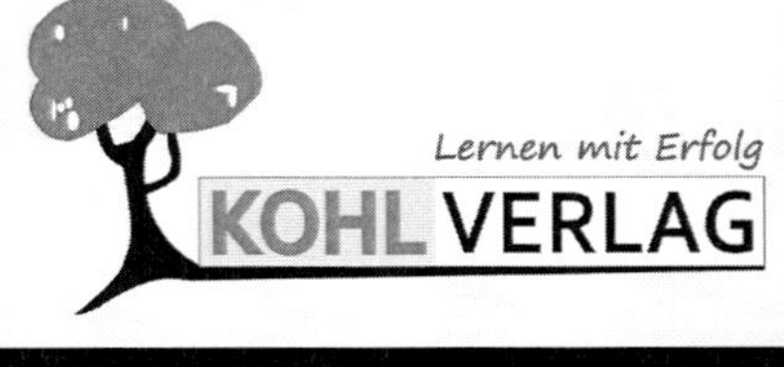

www.kohlverlag.de

Olympische Spiele früher & heute

Ein Quantensprung im Leistungssport

10. Auflage 2023

© Kohl-Verlag, Kerpen 2012
Alle Rechte vorbehalten.

Inhalt: Friedhelm Heitmann
Redaktion: Kohl-Verlag
Grafik & Satz: Simone Demler & Kohl-Verlag
Druck: farbo prepress GmbH, Köln

Bestell-Nr. 11 321

ISBN: 978-3-86632-606-4

Das vorliegende Werk und seine Teile sind urheberrechtlich geschützt. Jede Nutzung in anderen als den gesetzlich zugelassenen Fällen bedarf der vorherigen schriftlichen Einwilligung des Verlages. Hinweis zu § 52a UrhG: Weder das Werk noch seine Teile dürfen ohne eine solche Einwilligung eingescannt und in ein Netzwerk oder das Internet eingestellt werden. Dies gilt auch für Intranets von Schulen und sonstigen Bildungseinrichtungen.

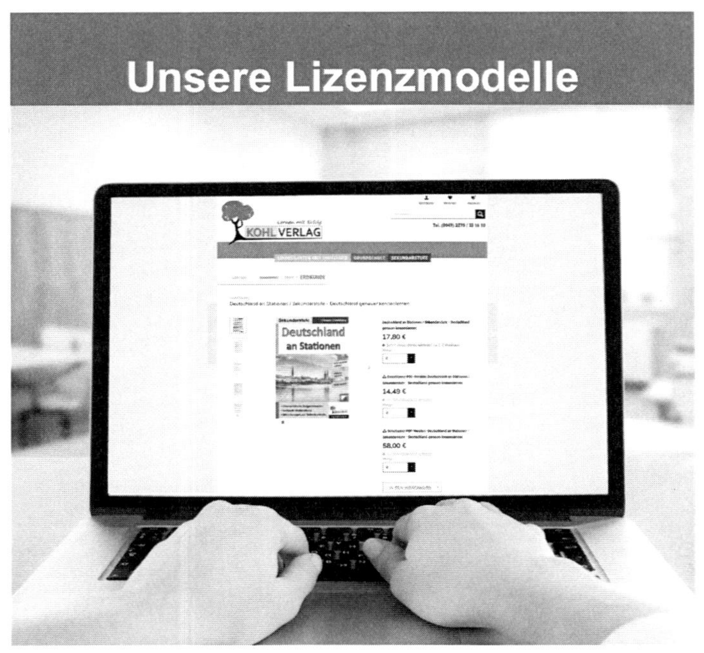

Der vorliegende Band ist eine Print-Einzellizenz

Sie wollen unsere Kopiervorlagen auch digital nutzen? Kein Problem – fast das gesamte KOHL-Sortiment ist auch sofort als PDF-Download erhältlich! Wir haben verschiedene Lizenzmodelle zur Auswahl:

	Print-Version	PDF-Einzellizenz	PDF-Schullizenz	Kombipaket Print & PDF-Einzellizenz	Kombipaket Print & PDF-Schullizenz
Unbefristete Nutzung der Materialien	x	x	x	x	x
Vervielfältigung, Weitergabe und Einsatz der Materialien im eigenen Unterricht	x	x	x	x	x
Nutzung der Materialien durch alle Lehrkräfte des Kollegiums an der lizensierten Schule			x		x
Einstellen des Materials im Intranet oder Schulserver der Institution			x		x

Die erweiterten Lizenzmodelle zu diesem Titel sind jederzeit im Online-Shop unter www.kohlverlag.de erhältlich.

Inhalt

KOHL VERLAG
Olympische Spiele früher & heute
Ein Quantensprung im Leistungssport – Bestell-Nr. 11 321

Inhalt

Olympische Spiele früher & heute
Ein Quantensprung im Leistungssport – Bestell-Nr. 11 321
KOHL VERLAG

Vorwort

Liebe Kolleginnen und Kollegen,

alle zwei Jahre wieder finden Olympische Spiele statt, mal sind es die Olympischen Sommerspiele, mal die Olympischen Winterspiele. Die Olympischen Spiele sind allgemein bedeutsam nicht nur für den Sport. Sie ziehen so manchen Erwachsenen sowie etliche Jugendliche und Kinder in ihren Bann. Grund genug, das Thema Olympische Spiele in der Schule zu behandeln. Die Thematik kann unmittelbar vor und während der jeweiligen Olympischen Spiele, aber auch zu anderen Zeiten im Unterricht erörtert werden.

Der vorliegende Band befasst sich mit den Olympischen Spielen der Antike und den Olympischen Spielen der Neuzeit. Dargeboten werden vielfältige Arbeitsblätter, Informationsblätter, Spiele sowie Anregungen für die Durchführung eigener „Olympischer Spiele“ in der Schule. Für verschiedene Unterrichtsfächer wie Geschichte, Geographie, Deutsch, Mathematik, Englisch, Sport, Kunst ... werden Materialien präsentiert. Insgesamt gesehen eignen sich die Materialien insbesondere für den fächerübergreifenden Unterricht im Rahmen eines Projekts in der Sekundarstufe I. Einige Seiten sind auch in der Grundschule verwendbar.

Erfolgreiche Unterrichtsstunden beim Einsatz der vorliegenden Kopiervorlagen wünschen Ihnen der Kohl-Verlag und

Friedhelm Heitmann

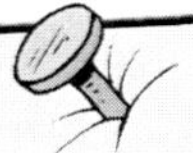

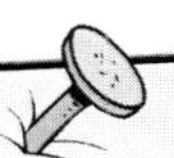

TIPP: Einen möglichen Einstieg in dieses Thema bieten die beiden unten stehenden Fragen. Die Antworten können von den Schülerinnen und Schülern auf zwei verschiedenfarbige Zettel geschrieben werden, auf zwei Stellwänden ausgehängt und anschließend besprochen werden.

1. Was weißt du bereits über die Olympischen Spiele?
2. Was möchtest du über die Olympischen Spiele wissen?

1 Die Olympischen Spiele des Altertums

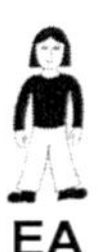
EA

Aufgabe 1: *Setze die folgenden Begriffe an den passenden Stellen in den Lückentext ein.*

Beiprogramm – Christ – Griechen – Kranz – Kurzstreckenlauf – Olympia – Provinz – Sommer – Wettbewerbe – Zeus

a) Manche Experten gehen davon aus, dass es bereits um 1000 v. Chr. Olympische Spiele gegeben hat. Die Olympischen Spiele sind benannt nach der Austragungsstätte ____________________ im Nordwesten der griechischen Halbinsel Peloponnes.

b) Der erste Nachweis über die Olympischen Spiele stammt aus dem Jahr 776 v. Chr.. Die Olympischen Spiele fanden hauptsächlich zu Ehren des Gottes der Griechen, nämlich ____________________ , statt.

c) Zunächst bestanden die Olympischen Spiele damals nur aus einem Wettbewerb, dem ____________________ über eine Stadionlänge (ca. 192 m). Später kamen weitere Disziplinen hinzu, so ab 708 v. Chr. der antike Fünfkampf (Laufen, Weitsprung, Diskuswerfen, Speerwerfen, Ringen), ab 520 v. Chr. der Waffenlauf (Hoplitenlauf) über 2 Stadionlängen.

d) In späterer Zeit soll es 18 ____________________ in den Sportarten Leichtathletik, Schwerathletik, Fünfkampf sowie Wagen- und Pferderennen gegeben haben.

e) An den Wettkämpfen durften lediglich freie, unbescholtene ____________________ teilnehmen, Frauen waren ausgeschlossen. Unfreie Männer, Ausländer, Sklaven ... durften zuschauen, verheirateten Frauen aber war selbst das nicht gestattet.

f) Die Olympischen Spiele wurden alle vier Jahre ausgetragen – und zwar im ____________________ . Zuerst dauerte die Veranstaltung einen Tag, später 5 oder 6 Tage. Während des Zeitraums der Olympischen Spiele hatte Waffenruhe zu herrschen, es durfte also kein Krieg geführt werden.

KOHL VERLAG Olympische Spiele früher & heute
Ein Quantensprung im Leistungssport – Bestell-Nr. 11 321

g) Im Laufe der Zeit mussten die Sportler bei den Wettkämpfen nackt antreten. Die Sieger der Wettbewerbe erhielten u.a. einen ____________________ aus Zweigen des heiligen Ölbaums. Der Sieg brachte für die Gewinner Vorteile. Steuerbefreiung und die Heirat einer Frau nach Wahl waren z.B. möglich.

h) Die Olympischen Spiele waren mit einem großen ____________________ verbunden; beispielsweise gab es Theateraufführungen und musikalische Darbietungen.

i) Im Jahr 146 v. Chr. wurde der griechische Raum eine römische ______________________. Fortan beteiligten sich auch Römer an den Olympischen Spielen.

j) Der römische Kaiser Theodesius I., ein ____________________, ließ im Jahr 394 n. Chr. die Olympischen Spiele wegen ihres heidnischen Charakters verbieten. Olympia verlor an Bedeutung. Nach neuen Untersuchungen sollen jedoch noch im 6. Jahrhundert n. Chr. in Olympia sportliche Wettkämpfe durchgeführt worden sein.

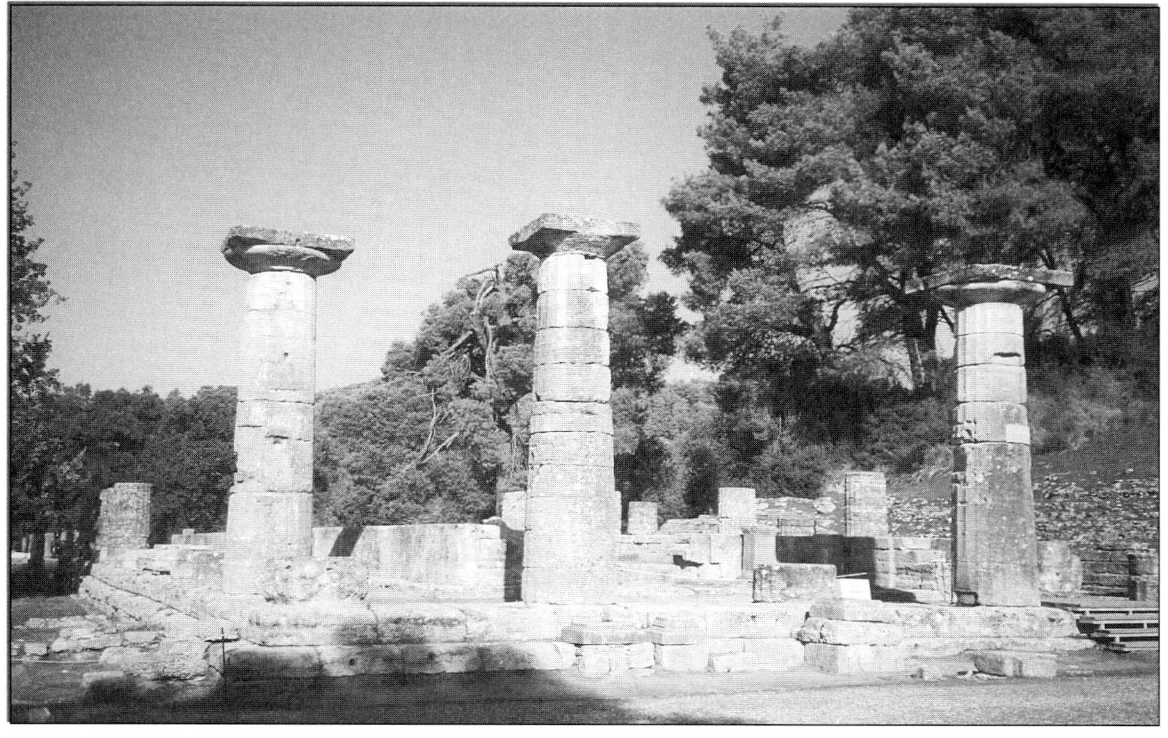

Heratempel

Olympische Spiele früher & heute
Ein Quantensprung im Leistungssport – Bestell-Nr. 11 321
KOHL VERLAG

2 Geschichte live

Eine fingierte* Reportage aus dem Jahr 592 v. Chr.:

„Liebe Zuhörer, ich melde mich hiermit aus Olympia, dem Austragungsort der Olympischen Spiele. Soeben sind die Athleten in das Stadion zum Endlauf auf der Kurzstrecke über eine Stadionlänge einmarschiert. Unter ihnen ist auch der aus einem kleinen Dorf stammende Theofanis, der Favorit für diesen Wettbewerb. Theofanis, durchtrainiert wie kaum ein anderer, hat 10 entbehrungsreiche Monate auf sich genommen, um sich auf die Sprintdisziplin vorzubereiten, die dem Gewinner Ruhm und Ehre verheißt ... ."

**ausgedachte*

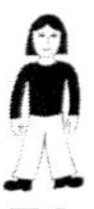
EA

Aufgabe 1: *Überlege dir eine Fortsetzung und ein Ende der Reportage. Schreibe auf.*

KOHL VERLAG Olympische Spiele früher & heute Ein Quantensprung im Leistungssport – Bestell-Nr. 11 321

3 Ein Diskuswerfer im Altertum

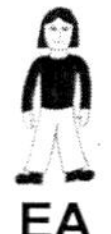

Aufgabe 1: *Male den Diskuswerfer farbig an, wie er deiner Vorstellung nach bei den Olympischen Spielen im Wettkampf antrat. Male auch den Hintergrund des Diskuswerfers in passenden Farben und Motiven an.*

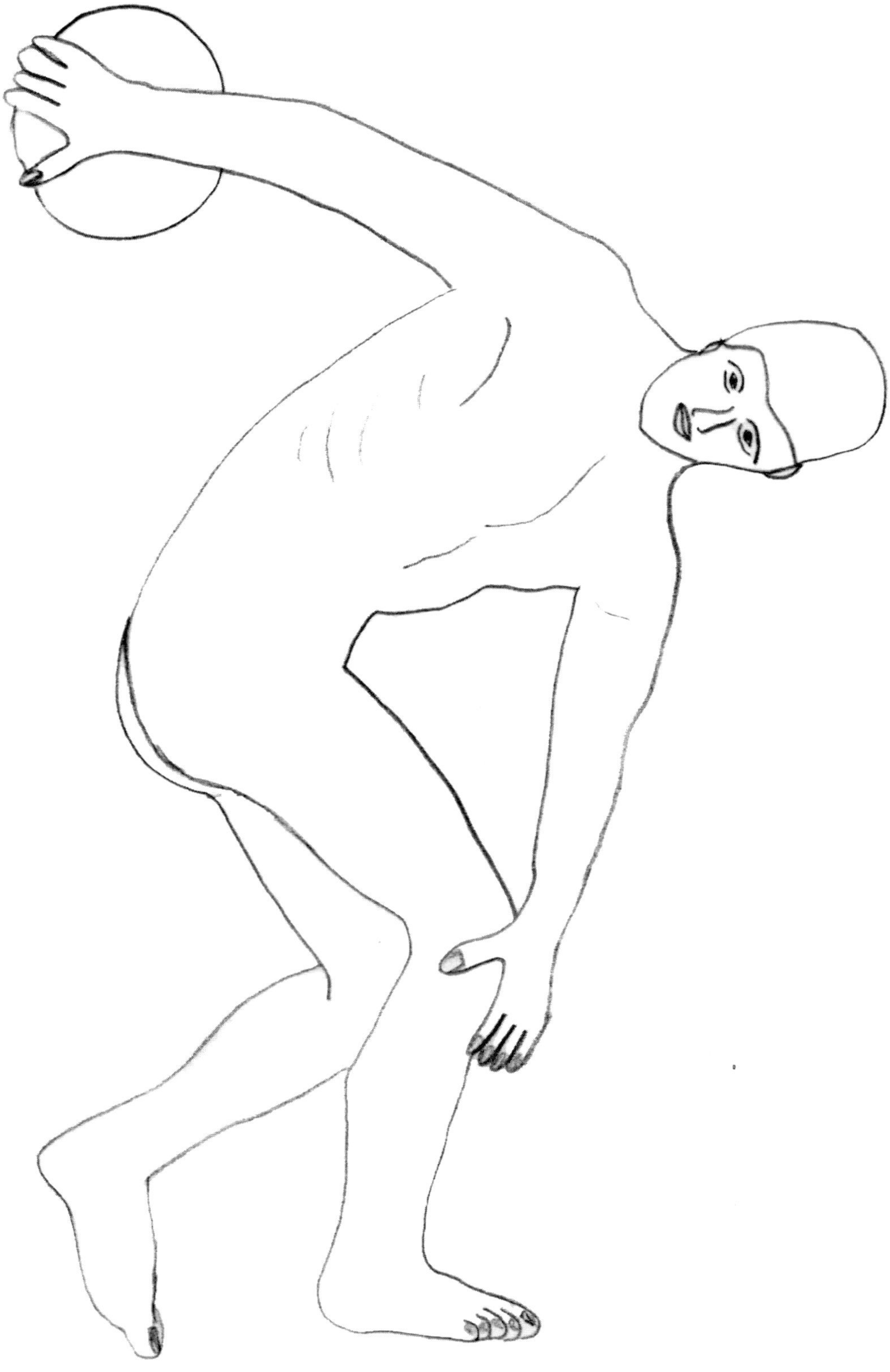

KOHL VERLAG Olympische Spiele früher & heute Ein Quantensprung im Leistungssport – Bestell-Nr. 11 321

4 Olympische Spiele des Altertums

EA

Aufgabe 1: *Was glaubst du ... ? Welche der nachfolgenden 11 Aussagen sind richtig, welche nicht? Kreuze jeweils an, welche Aussage der Wahrheit entspricht und welche nicht.*

		Richtig:	Falsch:
1.	Zum Programm der Olympischen Spiele gehörten auch religiöse Feiern.	☐	☐
2.	Die Sportler traten im Laufe der Zeit in den Wettbewerben nackt an.	☐	☐
3.	Einer der Höhepunkte der Olympischen Spiele war das Schwimmen.	☐	☐
4.	Der antike Fünfkampf bestand aus Laufen, Springen, Werfen, Fechten und Klettern.	☐	☐
5.	An den Olympischen Spielen durften nur Amateure teilnehmen, keine Profis *(= Berufssportler).*	☐	☐
6.	Bei den Olympischen Spielen gab es ebenfalls Wettbewerbe für Knaben und Jugendliche.	☐	☐
7.	Beim Weitsprung (höchstwahrscheinlich ein Fünfsprung) benutzten die Sportler Sprunggewichte.	☐	☐
8.	Sportler, die an einem Wettkampf teilnehmen wollten, mussten in einem Eid erklären, dass sie sich 10 Monate vorbereitet haben, keine „Fesseln" getragen und kein „unwürdiges Leben" geführt haben.	☐	☐
9.	Nicht die Olympiasieger wurden notiert, sondern deren Rekorde.	☐	☐
10.	Jeder Sportler durfte lediglich dreimal Olympiasieger werden.	☐	☐
11.	Die alten Griechen nannten den Zeitraum zwischen zwei Olympischen Spielen eine Olympiade.	☐	☐

EA

Aufgabe 2: *Korrigiere die falschen Aussagen.*

KOHL VERLAG Olympische Spiele früher & heute Ein Quantensprung im Leistungssport – Bestell-Nr. 11 321

5 Bauten in Olympia

In Olympia, dem Austragungsort der Olympischen Spiele, gab es zahlreiche Bauten. Darunter waren Tempel und Altäre, wo vielen Göttern Opfer überbracht wurden. Die zwei bedeutendsten Tempel waren der Heratempel und der Zeustempel. Hera war die Frau des höchsten griechischen Gottes Zeus. Der Heratempel wurde wahrscheinlich um 600 v. Chr. gebaut, der Zeustempel Mitte des 5. Jahrhunderts. Im Zeustempel befand sich eine ca. 12 Meter hohe Zeusstatue aus Marmor, Gold und Elfenbein. Diese wurde in der Antike zu den Sieben Weltwundern gerechnet.

Herausragend unter den Bauten war auch das Stadion, das über 210 Meter lang und über 30 Meter breit war. Das Stadion war von Graswällen umgeben und hatte ein Fassungsvermögen von 40 000 bis 45 000 Zuschauern. Im Weiteren bestand in Olympia eine Pferderennbahn (= Hippodrom). Sie soll eine Länge von etwa 600 Metern, eine Breite von rund 200 Metern und zwei Wendemarken gehabt haben. Damit war der Hippodrom die größte Sportanlage in Olympia.

Im olympischen Bezirk waren überaus viele Statuen zu sehen. Ein Gästehaus für ungefähr 150 Personen war das größte Gebäude in Olympia.

Die Bauten in Olympia blieben nicht vom Altertum bis zur Gegenwart erhalten. Nachdem der römische Kaiser Theodosius I. im Jahr 426 n. Chr., wie zuvor sein Großvater, die Olympischen Spiele verbieten ließ, verloren die Olympischen Spiele endgültig an Bedeutung. Durch Plünderungen, Feuer, Erdbeben und Tsunamis wurden in der nachfolgenden Zeit die Bauten in Olympia sehr stark beschädigt oder ganz zerstört. Hinzu kamen Überschwemmungen, die vor allem durch einen benachbarten Fluss verursacht wurden, sodass die Reste der Bauten mit einer dicken Schlammschicht, teilweise bis zu 7 Meter dick, überzogen wurden.

Im 16. Jahrhundert fingen die Archäologen an, nach den Ruinen von Olympia zu suchen. Während des 19. und 20. Jahrhunderts wurden intensive Ausgrabungen in Olympia durchgeführt und auch etliche Überreste von olympischen Bauten gefunden, kein Gebäude war unversehrt. Ebenfalls im ersten Jahrzehnt des 21. Jahrhunderts fanden in Olympia archäologische Untersuchungen statt. Dabei wurde im Jahr 2008 der Hippodrom von Olympia lokalisiert.

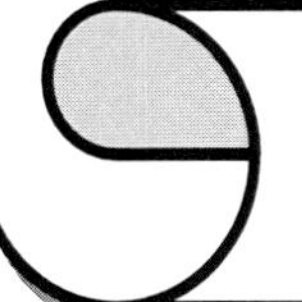

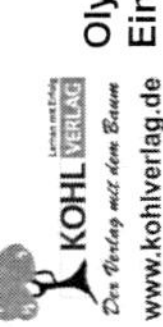

KOHL VERLAG Der Verlag mit dem Baum
www.kohlverlag.de
Olympische Spiele früher & heute
Ein Quantensprung im Leistungssport – Bestell-Nr. 11 321

Ein Quantensprung im Leistungssport – Bestell-Nr. 11 321

5 Bauten in Olympia

EA

Aufgabe 1: *Nenne die bedeutendsten und größten antiken Bauten in Olympia.*

- ______________________
- ______________________
- ______________________
- ______________________

EA

Aufgabe 2: *Welche hauptsächlichen Ursachen zerstörten bzw. beschädigten die olympischen Bauten aus dem Altertum?*

____

____

____

____

____

____

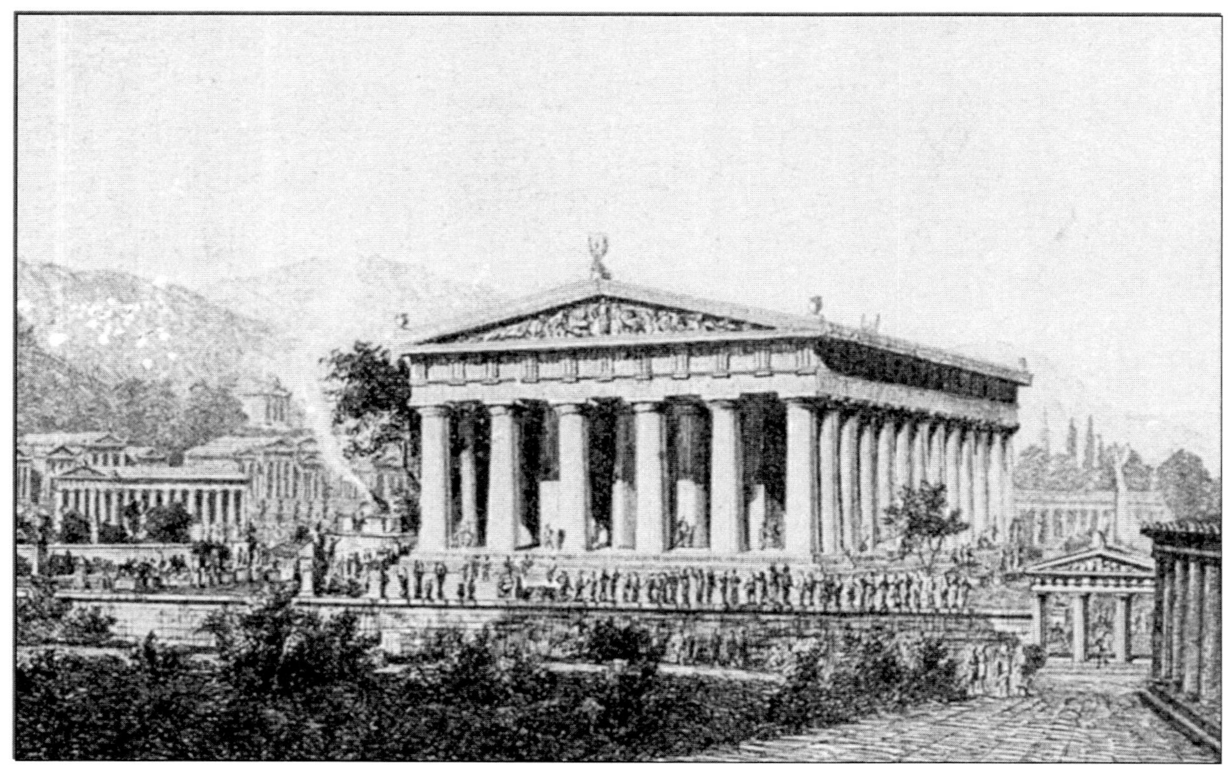

Zeustempel

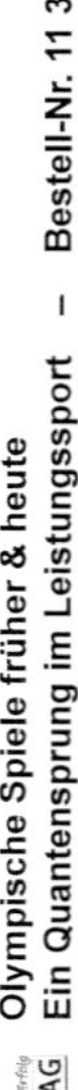

6 Panhellenische Spiele

Die antiken Olympischen Spiele wurden zu den Panhellenischen (= gesamtgriechischen) Spielen gerechnet. Die Panhellenischen Spiele waren sportliche Spiele mit kulturellem Programm.

Anfangs und im engeren Sinne gehörten außer den Olympischen Spielen, die die größte Bedeutung hatten, folgende Spiele zu den Panhellenischen Spielen:

- Isthmische Spiele bei Korinth; zu Ehren des Gottes Poseidon; Sieger erhielten einen Holunderkranz, in späterer Zeit einen Fichtenkranz
- Pythische Spiele in Delphi; zu Ehren des Gottes Apollon; Sieger erhielten einen Lorbeerkranz
- Nemeische Spiele in Nemea; zu Ehren des Gottes Zeus; Sieger erhielten einen Selleriekranz

Alle 4 Panhellenischen Spiele wurden in unterschiedlichen Jahren veranstaltet, nie im selben Jahr. Wenn ein Sportler in einem Wettbewerb in einer Folge bei allen 4 Panhellenischen Spielen gewann, bekam er den Titel Periodonike (periodos [griech.] = Umlauf).

Später wurden ebenfalls kleinere Spiele zu den Panhellenischen Spielen gezählt.

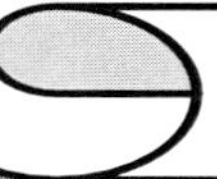

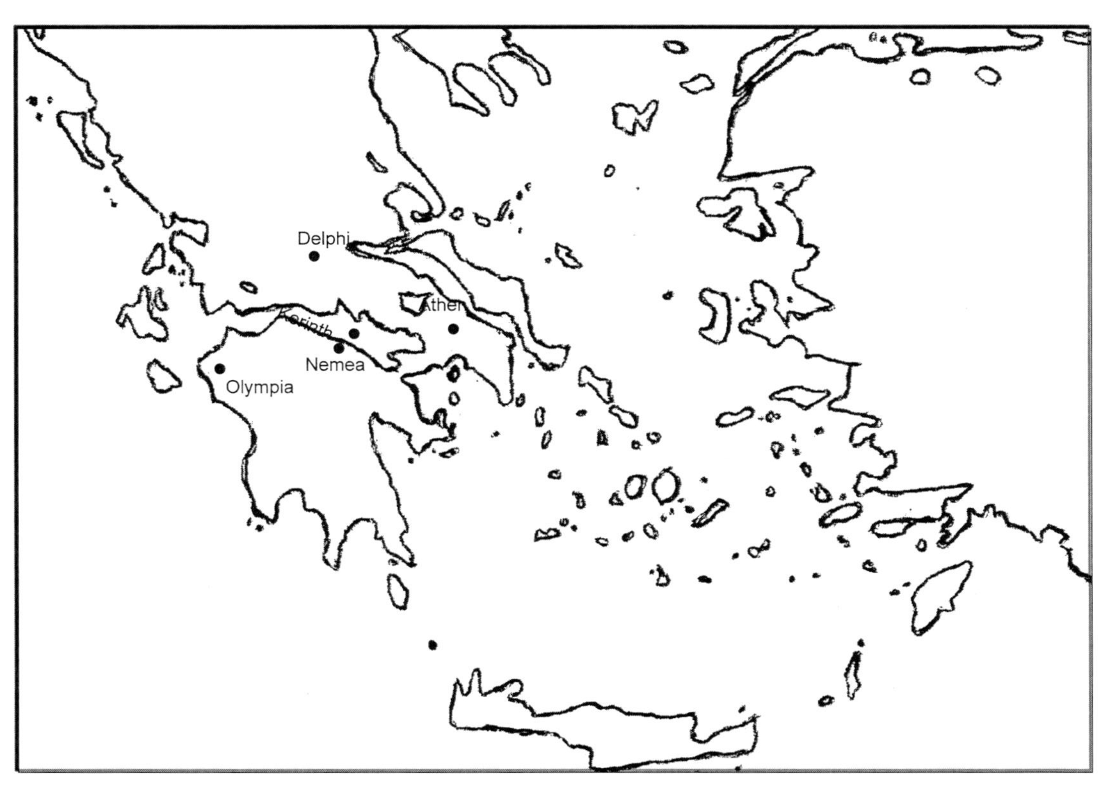

Olympische Spiele früher & heute
Ein Quantensprung im Leistungssport – Bestell-Nr. 11 321
KOHL VERLAG

7 Die Olympischen Spiele der Neuzeit

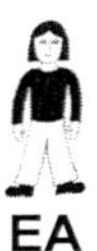
EA

Aufgabe 1: *Setze die folgenden Begriffe an den passenden Stellen in den Lückentext ein.*

Ausnahme – Europa – Flagge – Flamme – Frauen – Jahr – Nationen – Sitz – Sportler(innen) – Völkerverständigung – Winterspiele

a) Ende des 19. Jahrhunderts setzte sich der französische Baron de Coubertin sehr dafür ein, die Olympischen Spiele wieder aufleben zu lassen. Der Mann sah im Sport, vor allem in den Olympischen Spielen, ein geeignetes Mittel zur ____________________ und Schaffung von Frieden.

b) In Paris wurde im Jahr 1894 das Internationale Olympische Komitee (IOC) gegründet, die oberste Organisation der Olympischen Spiele. Heute hat das IOC seinen ____________________ in Lausanne in der Schweiz.

c) 1896 wurden in Athen die ersten Olympischen Sommerspiele der Neuzeit ausgetragen. Daran nahmen 14 ____________________ und 245 Aktive in 9 Sportarten teil.

d) Die Olympischen Sommerspiele fanden und finden wie die antiken Olympischen Spiele im zeitlichen Abstand von 4 Jahren statt. ____________________: Während des 1. und 2. Weltkrieges wurden keine Olympischen Sommer- und Winterspiele durchgeführt.

e) An den 1900 in Paris stattgefundenen Sommerspielen nahmen erstmals ____________________ teil. Sie starteten mit den Sportarten Golf und Tennis.

f) Im Jahr 1904 wurden die olympischen Spiele erstmals außerhalb von ____________________ in St. Louis in den USA veranstaltet.

g) Bei den Olympischen Spielen in Antwerpen (Belgien) im Jahr 1920 wurde zum ersten Mal die Olympische ____________________ gehisst. Diese weist 5 ineinander verschlungene Ringe in den Farben Blau, Schwarz, Rot, Gelb und Grün auf.

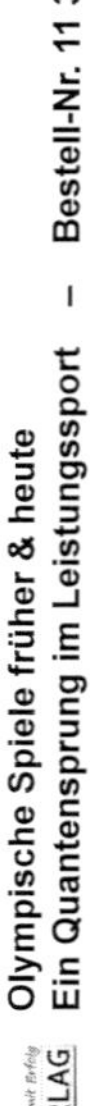
Olympische Spiele früher & heute
Ein Quantensprung im Leistungssport – Bestell-Nr. 11 321
KOHL VERLAG

h) 4 Jahre später gab es erstmalige Olympische ____________________ Austragungsort war Chamonix in Frankreich.

i) Bis zum Jahr 1992 wurden Olympische Sommerspiele und Olympische Winterspiele im selben ____________________ veranstaltet. Seit 1994 wechseln sich Olympische Winterspiele und Olympische Sommerspiele im Zeitraum von 2 Jahren ab.

j) Für die jeweilige Dauer der Olympischen Spiele brennt im Austragungsort die olympische ____________________ . Das Feuer wird im antiken Olympia entzündet und von Staffelläufern per Fackeln zum Austragungsort der Olympischen Spiele gebracht.

k) Im Laufe der Jahre sind die Olympischen Spiele immer größer geworden. An den Olympischen Sommerspielen in Peking (2008) beteiligten sich 204 Nationen und über 11 000 ____________________ . Es gab 28 Sportarten und 302 Wettbewerbe. Bei den Olympischen Winterspielen in Vancouver (2010) waren 82 Nationen mit über 2 500 Aktiven vertreten. 7 Sportarten mit 86 Wettbewerben wurden angeboten.

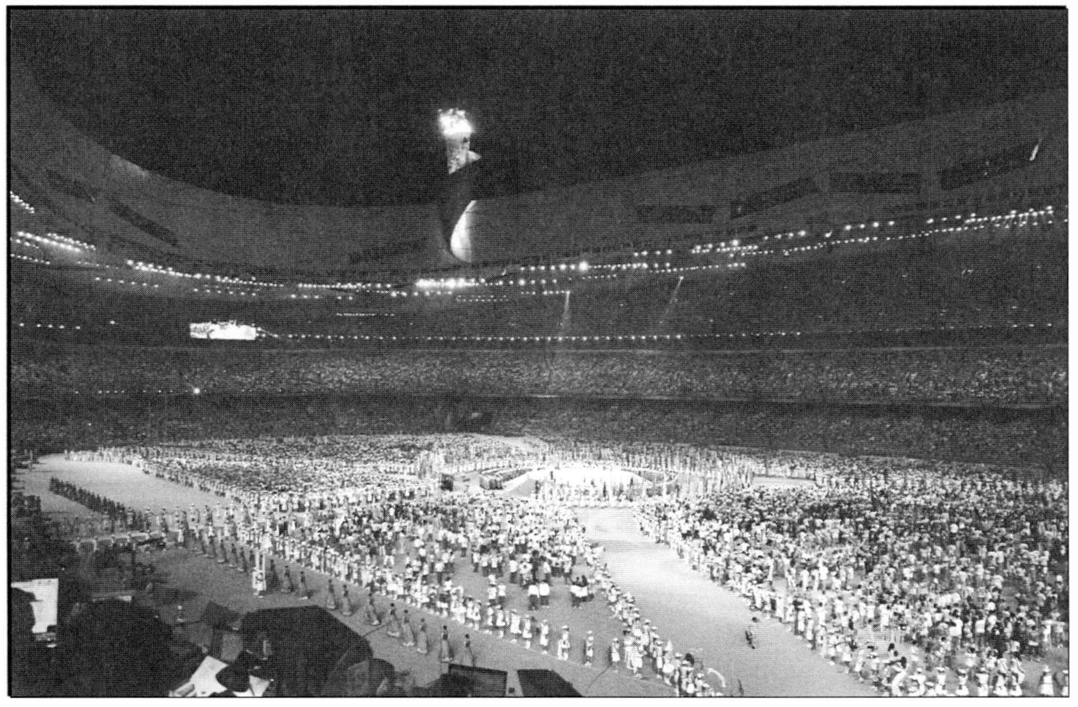

Schlussfeier der Olympischen Sommerspiele in Peking 2008

Olympische Spiele früher & heute
Ein Quantensprung im Leistungssport – Bestell-Nr. 11 321
KOHL VERLAG

8 Interesse an den Olympischen Spielen

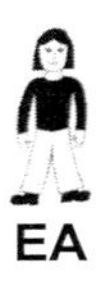

EA

Aufgabe 1: *Interessierst du dich für die Olympischen Sommerspiele und/oder Olympischen Winterspiele?*
Wenn ja, für welche Sportarten und welche Wettbewerbe?

EA

Aufgabe 2: *Wie informierst du dich über die Olympischen Spiele?*

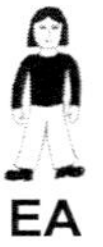

EA

Aufgabe 3: *An welchen Sportarten und Wettbewerben der Olympischen Spiele würdest du gern teilnehmen, wenn du mitmachen dürftest?*

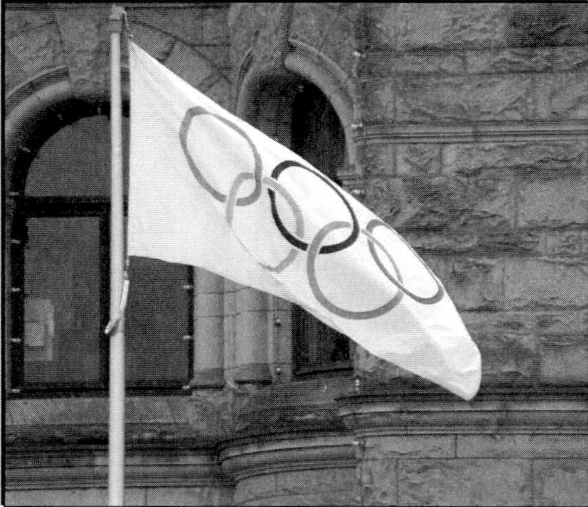

KOHL VERLAG Olympische Spiele früher & heute
Ein Quantensprung im Leistungssport – Bestell-Nr. 11 321

9 Zur Geschichte der Olympischen Spiele

EA

Aufgabe 1: *Denke nach und bringe die folgenden 10 Ereignisse in die richtige zeitliche Reihenfolge. Nummeriere die Ereignisse von 1 bis 10 durch: Was war zuerst, was dann, was danach ... ?*

- ◯ In Chamonix in Frankreich werden die ersten Olympischen Winterspiele ausgetragen.
- ◯ Frauen dürfen erstmals als Sportlerinnen an den Olympischen Spielen teilnehmen.
- ◯ Die Olympischen Spiele werden durch den römischen Kaiser Theodosius I. verboten.
- ◯ Der antike Fünfkampf wird bei den Olympischen Spielen eingeführt.
- ◯ Die ersten Olympischen Spiele der Neuzeit finden in Athen in Griechenland statt.
- ◯ Gründung der Olympischen Spiele des Altertums.
- ◯ Die Olympische Flagge mit ihren 5 Ringen wird erstmalig bei den Olympischen Spielen in Antwerpen in Belgien gehisst.
- ◯ Zum ersten Mal werden die Olympischen Spiele schriftlich erwähnt.
- ◯ Die Olympischen Spiele werden erstmalig außerhalb von Europa in St. Louis in den USA veranstaltet.
- ◯ Einführung des Waffenlaufes (Hoplitenlauf) über 2 Stadionlängen bei den Olympischen Spielen.

EA

Aufgabe 2: *Schreibe jetzt die Ereignisse auf dem nächsten Arbeitsblatt in der richtigen zeitlichen Reihenfolge auf.*

Olympische Spiele früher & heute
Ein Quantensprung im Leistungssport – Bestell-Nr. 11 321
KOHL VERLAG

9 Zur Geschichte der Olympischen Spiele

Zeitraum	Ereignis
um 1000 v. Chr.	
776 v. Chr.	
708 v. Chr.	
520 v. Chr.	
394 n. Chr.	
1896	
1900	
1904	
1920	
1924	

KOHL VERLAG Olympische Spiele früher & heute
Ein Quantensprung im Leistungssport – Bestell-Nr. 11 321

10 Werbeplakat zu den Olympischen Spielen

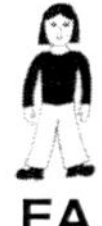
EA

Aufgabe 1: *Entwirf ein Werbeplakat für die nächsten Olympischen Spiele. Wie sieht dein Werbeplakat aus?*

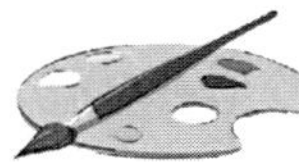

11 Olympische Spiele früher und heute – ein Vergleich

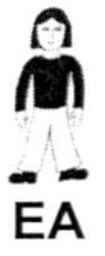
EA

Aufgabe 1:
- *Erstelle in deinem Heft/Ordner eine Tabelle wie unten dargestellt.*
- *Ordne die folgenden Anmerkungen in die Tabelle ein.*

Olympische Sommerspiele und Winterspiele – nur Olympische Sommerspiele – in Olympia (Griechenland) ausgetragen – in verschiedenen Städten und Orten der Erde ausgetragen – lediglich Teilnahme von Sportlern – Teilnahme von Sportlerinnen und Sportlern – dienen der Völkerverbindung – besonders zu Ehren des Gottes Zeus – ursprünglich ausschließlich für griechische Aktive – Aktive aus aller Welt – Dauer 5 oder 6 Tage (anfangs 1 Tag) – Dauer gewöhnlich 14 – 16 Tage – (sehr) viele Sportarten – zunächst allein 1 Sportart – u.a. Schwimmen – u.a. Wagenrennen – Goldmedaille für die Sieger(innen) – ein geflochtener Kranz aus Zweigen vom heiligen Ölbaum für die Sieger – kein Preis für die Zweitplatzierten und Drittplatzierten – Silbermedaille für die Zweitplatzierten und Bronzemedaille für die Drittplatzierten

Die Olympischen Spiele des Altertums:	Die Olympischen Spiele der Neuzeit:

KOHL VERLAG Olympische Spiele früher & heute
Ein Quantensprung im Leistungssport – Bestell-Nr. 11 321

12 Die Olympischen Ringe

Das Zeichen der Olympischen Ringe stammt von einem Wegbereiter der Olympischen Spiele der Neuzeit, nämlich dem französischen Baron Pierre de Coubertin. Das Symbol wurde von ihm im Jahr 1913 entworfen. Die 5 Olympischen Ringe sind auf der Olympischen Flagge, die einen weißen Hintergrund besitzt, zu sehen.

Die 5 ineinander verschlungenen Ringe mit unterschiedlichen Farben sollen die Erdteile Asien, Amerika, Afrika, Europa sowie Australien und Ozeanien symbolisieren, ohne dass jedoch laut Aussage des Barons de Coubertin eine Farbe für einen bestimmten Erdteil steht. Dass die Ringe ineinander verschlungen sind, soll die Verbundenheit der Erdteile demonstrieren. In jeder Länderfahne ist mindestens eine der 6 Farben der Olympischen Flagge enthalten.

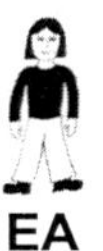
EA

Aufgabe 1: **a)** *Welcher Erdteil wurde bei den Olympischen Ringen nicht berücksichtigt?*

____

b) *Warum wurde der Erdteil bei den Olympischen Ringen weggelassen?*

____

____

____

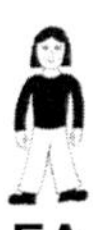
EA

Aufgabe 2: **a)** *Überlege dir ein Maskottchen für die Olympischen Spiele. Was soll das Maskottchen sein und wie soll es heißen?*

____

____

____

b) *Male auf die Blattrückseite, wie das Maskottchen aussehen soll.*

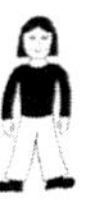
EA

Aufgabe 3: *Male die Olympischen Ringe mit den richtigen Farben zum Maskottchen auf die Blattrückseite. Informiere dich (evtl. per Lexikon oder Internet), wenn du nicht weißt, welcher Ring welche Farbe aufweist. Die Olympischen Ringe sind u.a. auf der Olympischen Flagge zu sehen, die einen weißen Hintergrund hat.*

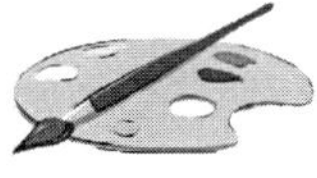

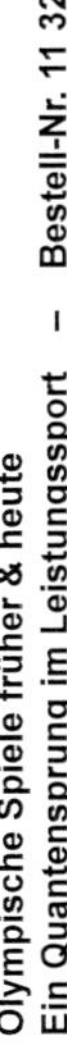

13 Liste der Austragungsorte der Olympischen Spiele der Neuzeit

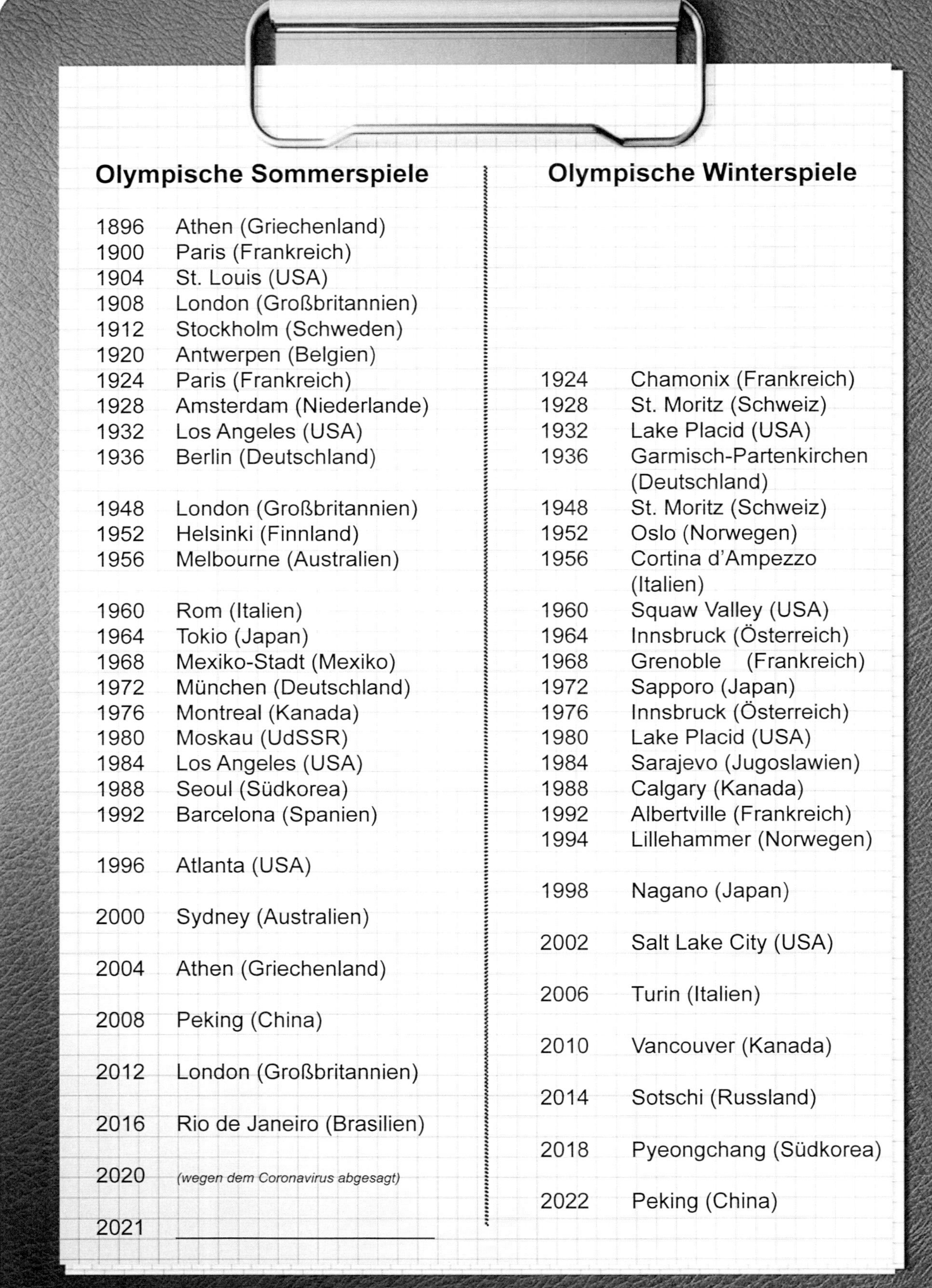

Olympische Sommerspiele		Olympische Winterspiele	
1896	Athen (Griechenland)		
1900	Paris (Frankreich)		
1904	St. Louis (USA)		
1908	London (Großbritannien)		
1912	Stockholm (Schweden)		
1920	Antwerpen (Belgien)		
1924	Paris (Frankreich)	1924	Chamonix (Frankreich)
1928	Amsterdam (Niederlande)	1928	St. Moritz (Schweiz)
1932	Los Angeles (USA)	1932	Lake Placid (USA)
1936	Berlin (Deutschland)	1936	Garmisch-Partenkirchen (Deutschland)
1948	London (Großbritannien)	1948	St. Moritz (Schweiz)
1952	Helsinki (Finnland)	1952	Oslo (Norwegen)
1956	Melbourne (Australien)	1956	Cortina d'Ampezzo (Italien)
1960	Rom (Italien)	1960	Squaw Valley (USA)
1964	Tokio (Japan)	1964	Innsbruck (Österreich)
1968	Mexiko-Stadt (Mexiko)	1968	Grenoble (Frankreich)
1972	München (Deutschland)	1972	Sapporo (Japan)
1976	Montreal (Kanada)	1976	Innsbruck (Österreich)
1980	Moskau (UdSSR)	1980	Lake Placid (USA)
1984	Los Angeles (USA)	1984	Sarajevo (Jugoslawien)
1988	Seoul (Südkorea)	1988	Calgary (Kanada)
1992	Barcelona (Spanien)	1992	Albertville (Frankreich)
		1994	Lillehammer (Norwegen)
1996	Atlanta (USA)		
		1998	Nagano (Japan)
2000	Sydney (Australien)		
		2002	Salt Lake City (USA)
2004	Athen (Griechenland)		
		2006	Turin (Italien)
2008	Peking (China)		
		2010	Vancouver (Kanada)
2012	London (Großbritannien)		
		2014	Sotschi (Russland)
2016	Rio de Janeiro (Brasilien)		
		2018	Pyeongchang (Südkorea)
2020	*(wegen dem Coronavirus abgesagt)*		
		2022	Peking (China)
2021	______________________		

14 Austragungsorte der Olympischen Spiele

Austragungsorte der Olympischen Sommerspiele

EA

Aufgabe 1: *Male auf der Weltkarte die Staaten mit einem grünen Buntstift an, in denen bisher Olympische Sommerspiele stattfanden bzw. bis zum Jahr 2016 ausgetragen werden.*

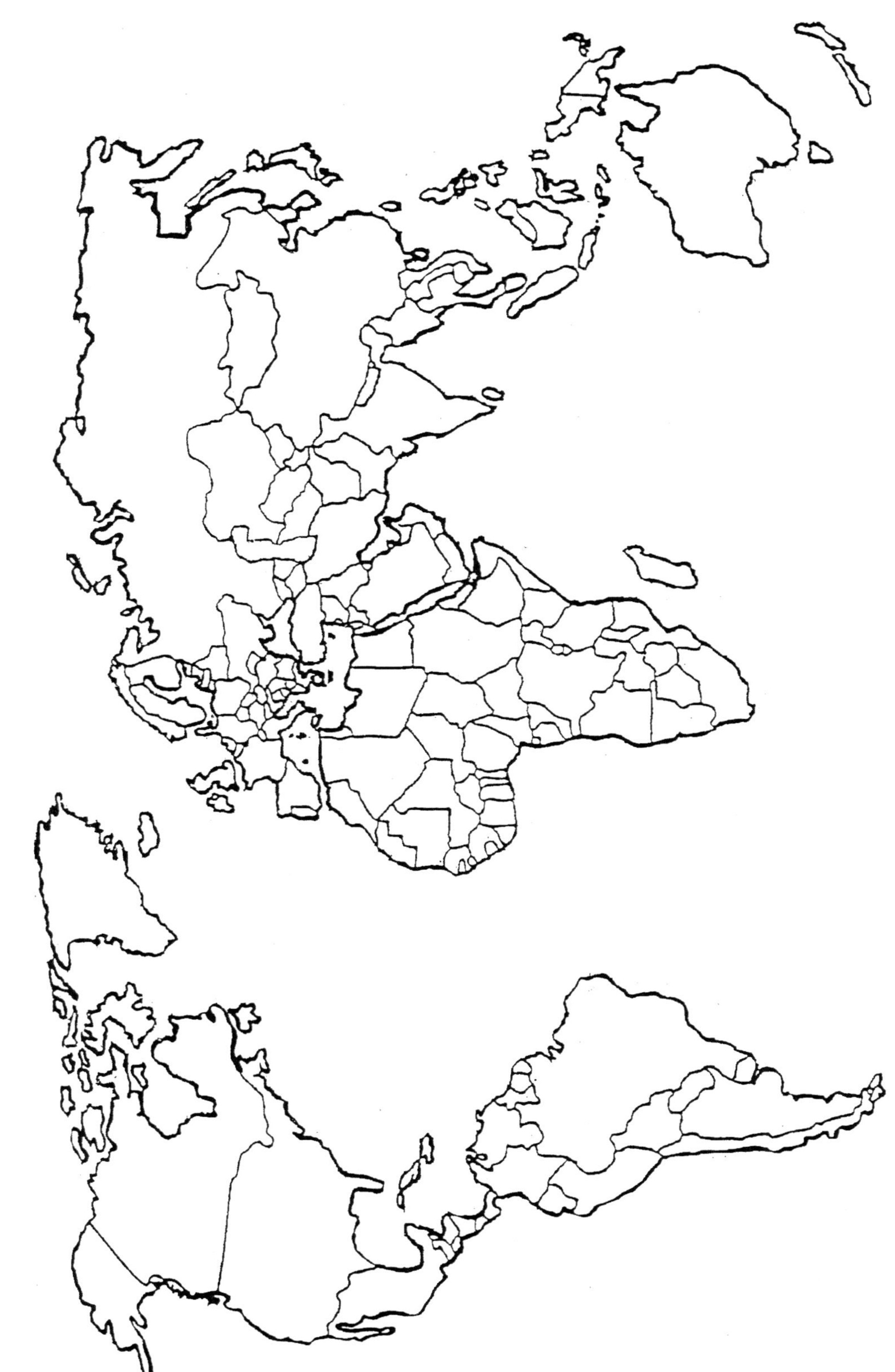

KOHL VERLAG Olympische Spiele früher & heute Ein Quantensprung im Leistungssport – Bestell-Nr. 11 321

Austragungsorte der Olympischen Winterspiele

EA

Aufgabe 2: *Male auf der Weltkarte die Staaten mit einem gelben Buntstift an, in denen bisher Olympische Winterspiele stattfanden bzw. bis zum Jahr 2018 ausgetragen werden.*

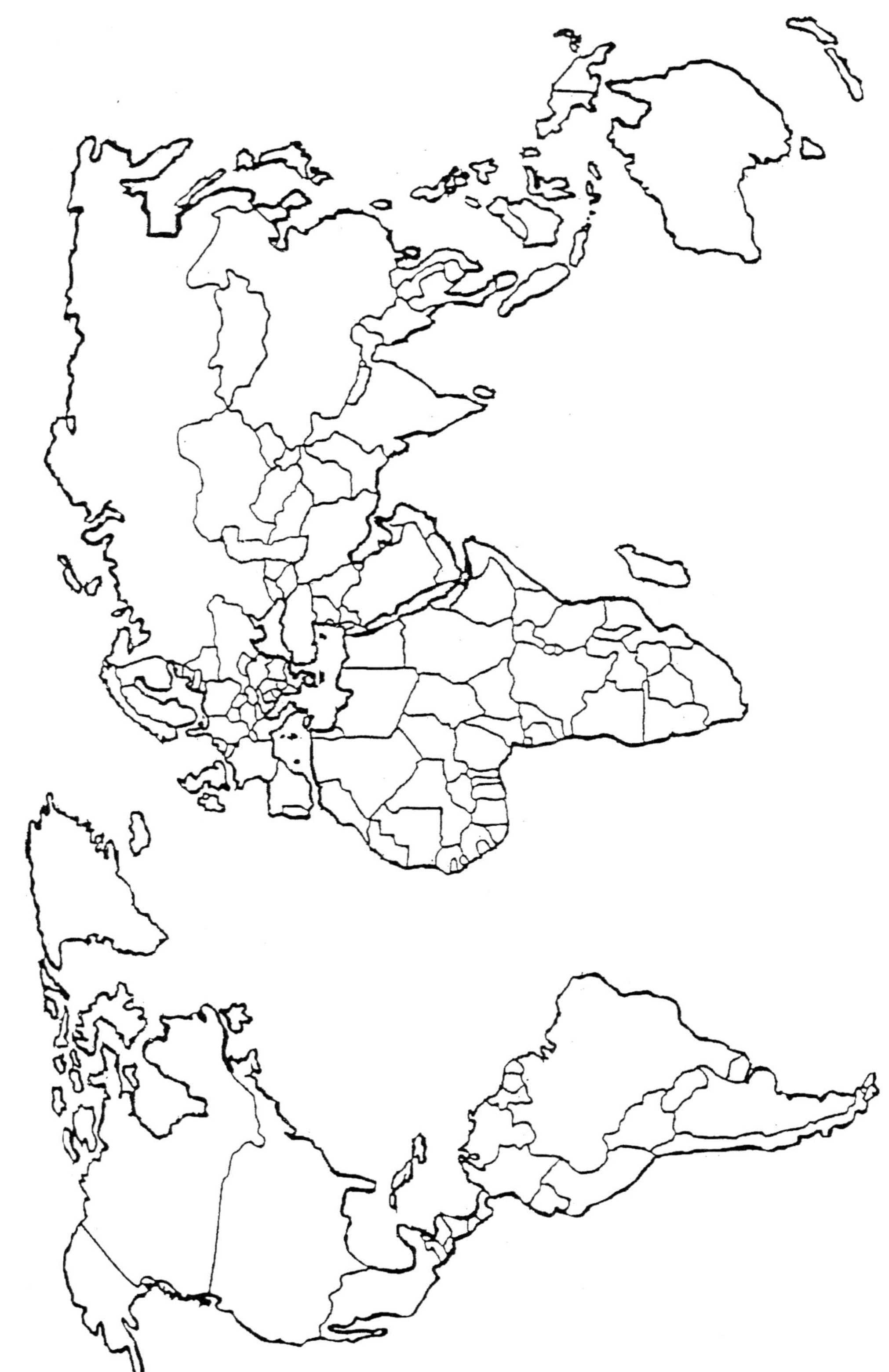

KOHL VERLAG Olympische Spiele früher & heute Ein Quantensprung im Leistungssport – Bestell-Nr. 11 321

15 Olympische Spiele der Neuzeit

Die Olympischen Sommer- und Winterspiele der Neuzeit

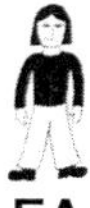
EA

Aufgabe 1: *Nimm das Arbeitsblatt „Liste der Austragungsorte der Olympischen Spiele der Neuzeit" (Seite 21) zur Hand. Beantworte die folgenden Fragen in vollständigen Sätzen. Schreibe in dein Heft/in deinen Ordner.*

a) Auf welchen Erdteilen wurden bislang Olympische Sommerspiele durchgeführt?

b) Auf welchen Erdteilen wurden noch keine Olympischen Sommerspiele ausgetragen?

c) Auf welchem Erdteil gab es am häufigsten Olympische Sommerspiele? Wie oft war das?

d) In welchen Staaten wurden mehr als einmal Olympische Sommerspiele veranstaltet? Wie oft geschah das in den jeweiligen Staaten?

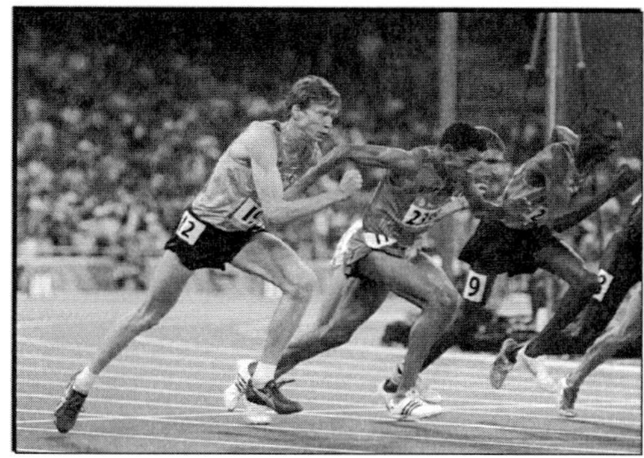

e) In welchen Städten fanden öfter als einmal Olympische Sommerspiele statt? Wie oft passierte das in den jeweiligen Orten?

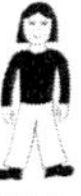
EA

Aufgabe 2: *Nimm das Arbeitsblatt „Liste der Austragungsorte der Olympischen Spiele der Neuzeit" (Seite 21) zur Hand. Beantworte die folgenden Fragen in vollständigen Sätzen. Schreibe in dein Heft/in deinen Ordner.*

a) Auf welchen Erdteilen wurden bislang Olympische Winterspiele durchgeführt?

b) Auf welchen Erdteilen wurden noch keine Olympischen Winterspiele ausgetragen?

c) Auf welchem Erdteil gab es am häufigsten Olympische Winterspiele? Wie oft war das?

d) In welchen Staaten wurden mehr als einmal Olympische Winterspiele veranstaltet? Wie oft geschah das in den jeweiligen Staaten?

e) In welchen Städten fanden öfter als einmal Olympische Winterspiele statt? Wie oft passierte das in den jeweiligen Orten?

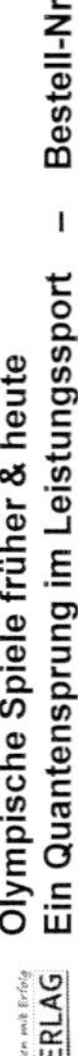
Olympische Spiele früher & heute
Ein Quantensprung im Leistungssport – Bestell-Nr. 11 321

16 Olympische Sportarten der Sommerspiele

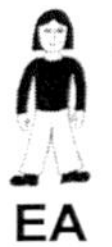
EA

Aufgabe 1: *Im Buchstabenwirrwarr sind waagrecht und senkrecht die Namen der 26 Sportarten versteckt, die bei den Olympischen Sommerspielen in London (2012) ausgetragen werden. Finde die Namen der Sportarten heraus und markiere sie gelb.*

Z	A	W	B	X	R	A	L	X	B	Q	F	Y	L	C	D	E	M
C	R	B	O	G	E	N	S	C	H	I	E	S	S	E	N	X	K
F	B	Q	X	T	I	D	V	C	O	E	C	W	C	D	F	S	O
G	U	X	E	H	T	W	K	E	C	T	H	R	H	V	D	C	M
P	E	G	N	A	S	G	S	Z	K	U	T	Z	W	U	V	H	O
B	V	I	R	N	P	Y	F	S	E	H	E	J	I	J	G	I	D
R	Z	J	U	D	O	F	N	Z	Y	A	N	H	M	Y	Z	E	E
Q	Y	F	A	B	R	U	D	E	R	N	C	Q	M	G	J	S	R
E	H	P	D	A	T	P	Y	I	G	F	B	H	S	W	Y	S	N
F	A	A	B	L	F	U	S	S	B	A	L	L	P	O	I	E	E
R	S	R	C	L	L	O	K	A	N	U	S	P	O	R	T	N	R
A	C	I	T	R	I	A	T	H	L	O	N	K	R	N	B	T	F
D	B	N	I	O	C	Z	A	Z	M	J	D	E	T	S	X	M	Ü
S	A	G	D	P	H	G	E	W	I	C	H	T	H	E	B	E	N
P	G	E	K	U	K	A	K	Q	L	V	K	W	M	X	A	B	F
O	E	N	K	U	C	S	W	R	F	D	L	J	W	I	S	O	K
R	C	F	T	A	I	B	A	D	M	I	N	T	O	N	K	I	A
T	I	S	C	H	T	E	N	N	I	S	H	V	N	X	E	O	M
L	S	L	M	N	G	S	D	G	M	O	H	R	V	P	T	W	P
S	E	N	S	T	N	U	O	I	J	F	N	I	Q	W	B	M	F
K	G	H	E	S	Q	B	U	R	T	U	R	N	E	N	A	Y	P
P	E	O	T	O	T	D	J	R	R	H	E	X	P	S	L	T	Q
J	L	E	I	C	H	T	A	T	H	L	E	T	I	K	L	X	K
C	N	O	L	M	I	V	U	R	T	E	N	N	I	S	W	B	N
L	X	Q	N	T	Y	V	O	L	L	E	Y	B	A	L	L	A	Z

KOHL VERLAG Olympische Spiele früher & heute – Ein Quantensprung im Leistungssport – Bestell-Nr. 11 321

17 Kleine Piktogramme

Piktogramme sind vereinfachte graphische Symbole (Zeichen). Das Wort *Piktogramm* ist aus dem Lateinischen und Griechischen abgeleitet.

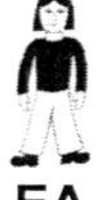
EA

Aufgabe 1: *Zeichne nach deinen Vorstellungen jeweils ein kleines Piktogramm zu den auf der vorherigen Seite versteckt genannten Sportarten der Olympischen Sommerspiele 2012.*

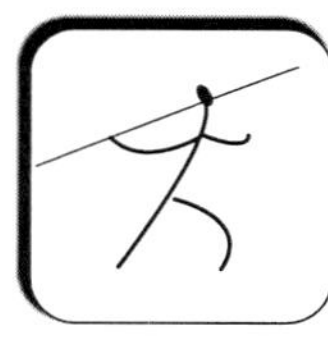 

Beispiele für entworfene Piktogramme

KOHL VERLAG Lernen mit Erfolg
Olympische Spiele früher & heute
Ein Quantensprung im Leistungssport – Bestell-Nr. 11 321

18 Olympische Sportarten der Winterspiele

Bei den Olympischen Winterspielen in Vancouver (2010) wurden folgende 15 Sportdisziplinen (= 7 Sportarten) ausgetragen:

- Biathlon
- Eishockey
- Nordische Kombination
- Skeleton
- Skilanglauf
- Bobsport
- Eiskunstlauf
- Rennrodeln
- Ski Alpin
- Skispringen
- Curling
- Eisschnelllauf
- Shorttrack
- Freistil-Ski
- Snowboard

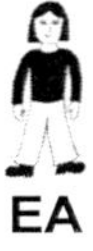
EA

Aufgabe 1: *Ordne die 15 genannten Sportdisziplinen den folgenden kleinen Abbildungen richtig zu.*

 = ______________________

 = ______________________

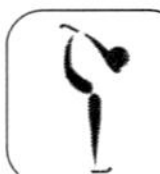 = ______________________

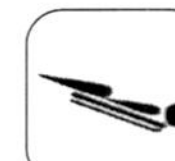 = ______________________

 = ______________________

 = ______________________

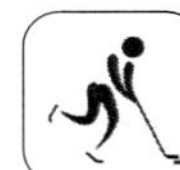 = ______________________

 = ______________________

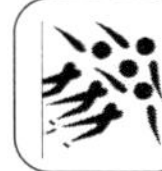 = ______________________

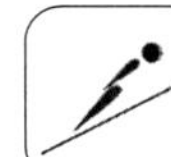 = ______________________

 = ______________________

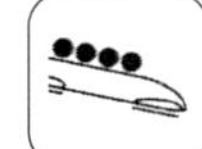 = ______________________

 = ______________________

 = ______________________

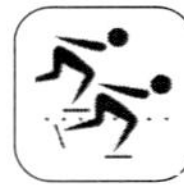 = ______________________

KOHL VERLAG Olympische Spiele früher & heute Ein Quantensprung im Leistungssport – Bestell-Nr. 11 321

19 It's time to speak English – Summer Olympics

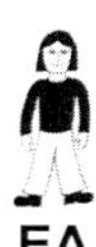

EA

Aufgabe 1: *Translate into English.*

Answers:
cycling – fencing – volleyball – tennis – archery – basketball – canoeing – handball – taekwondo – athletics – modern pentathlon – rowing – judo – swimming – table tennis – football – equestrian – badminton – boxing – weightlifting – triathlon – wrestling – shooting – gymnastics – hockey – sailing

a) Badminton = ____________________

b) Bogenschießen = ____________________

c) Fechten = ____________________

d) Gewichtheben = ____________________

e) Hockey = ____________________

f) Kanusport = ____________________

g) Moderner Fünfkampf = ____________________

h) Reitsport = ____________________

i) Rudern = ____________________

j) Schwimmsport = ____________________

k) Taekwondo = ____________________

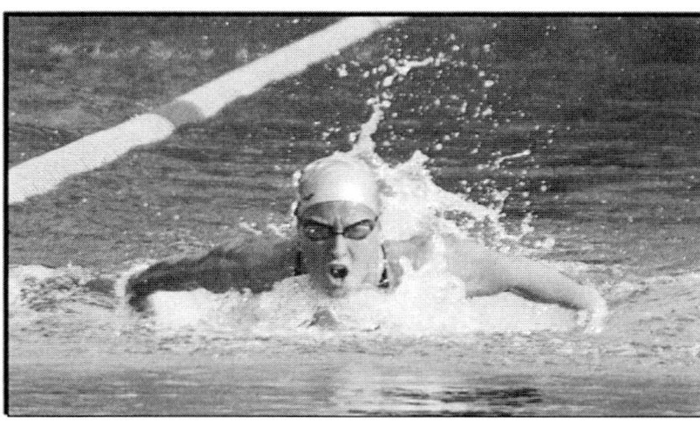

l) Basketball = ____________________

m) Boxen = ____________________

n) Fußball = ____________________

o) Handball = ____________________

p) Judo = ____________________

q) Leichtathletik = ____________________

r) Radsport = ____________________

s) Ringen = ____________________

t) Schießen = ____________________

u) Segeln = ____________________

v) Tennis = ____________________

w) Triathlon = ____________________

x) Volleyball = ____________________

y) Tischtennis = ____________________

z) Turnen = ____________________

KOHL VERLAG Olympische Spiele früher & heute
Ein Quantensprung im Leistungssport – Bestell-Nr. 11 321

20 It's time to speak English – Winter Olympics

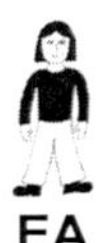
EA

Aufgabe 1: *Translate into English.*

Answers:
ice hockey – Nordic combined – skeleton – curling – bobsleigh – biathlon – ice figure skating – alpine skiing – snowboard – short track skating – luge – ski jumping – ice speed skating – cross-country skiing – freestyle skiing

a) Biathlon = ____________________

b) Bobfahren = ____________________

c) Curling = ____________________

d) Eishockey = ____________________

e) Eiskunstlauf = ____________________

f) Eisschnelllauf = ____________________

g) Freistil-Ski = ____________________

h) Skilanglauf = ____________________

i) Nord. Kombination = ____________________

j) Rennrodeln = ____________________

k) Shorttrack = ____________________

l) Skeleton = ____________________

m) Ski Alpin = ____________________

n) Skispringen = ____________________

o) Snowboard = ____________________

21 It's time to speak English – Olympic Games

EA

Aufgabe 1: *Answer in complete sentences.*

a) Are you interested in sports?

____

b) Why are you (not) interested in sports?

____

____

____

c) What do you like better: Summer Olympics or Winter Olympics? Why?

____

____

____

d) What are your favourite kinds of sports during the Summer Olympics?

____

____

____

e) What are your favorite kinds of sports during the Winter Olympics?

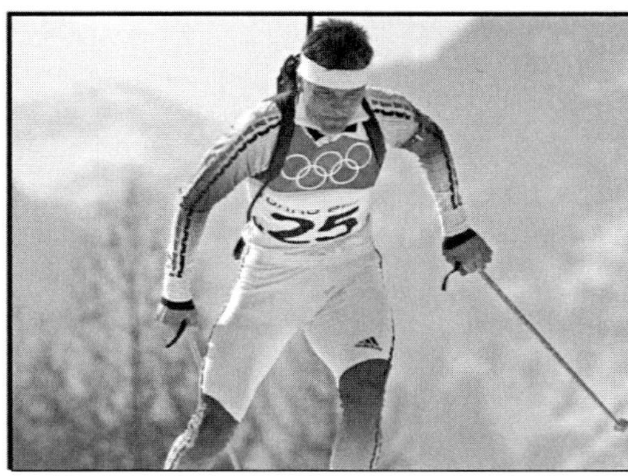

____

____

____

____

____

____

KOHL VERLAG
Olympische Spiele früher & heute
Ein Quantensprung im Leistungssport – Bestell-Nr. 11 321

It's time to speak English – Olympic Games

f) What kind of sports do you not like during the Summer Olympics?

g) What kinds of sports do you not like during the Winter Olympics?

h) What kind of sports do you do?

i) Would you like to go to Olympic Games and watch them?

j) Would you like to take part in Olympic Games if possible? What kind of sports would you like to do?

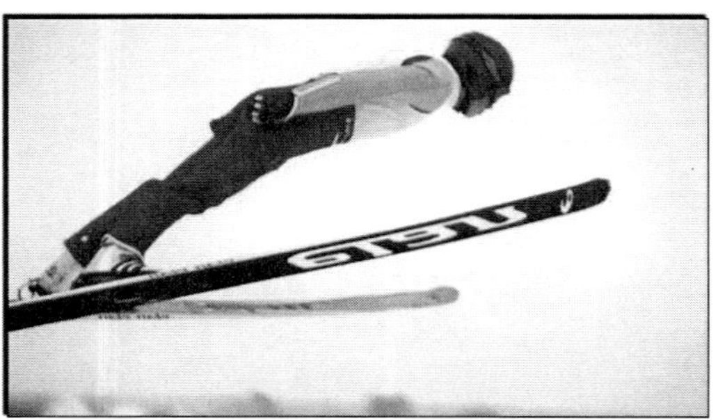

KOHL VERLAG Olympische Spiele früher & heute Ein Quantensprung im Leistungssport – Bestell-Nr. 11 321

22 Das olympische Versprechen

Im Rahmen der Eröffnungsveranstaltung der Olympischen Spiele spricht eine Athletin bzw. ein Athlet aus dem Land, in dem die jeweiligen Olympischen Spiele stattfinden, in Vertretung aller anderen Sportler das Olympische Versprechen. Dieses lautet in englischer Sprache:

„In the name of all the competitors I promise that we shall take part in these Olympic Games, respecting and abiding by the rules which govern them, committing ourselves to a sport without doping and without drugs, in the true spirit of sportsmanship, for the glory of sport and the honour of the teams."

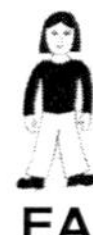
EA

Aufgabe 1: *Übersetze den Text aus der englischen in die deutsche Sprache.*

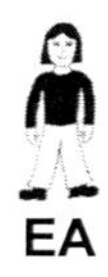
EA

Aufgabe 2: a) *Früher hat man zu dem Versprechen auch Eid gesagt. Was ist ein Eid?*

b) *Was könnte der Grund sein, dass ein Eid ausgesprochen wird?*

KOHL VERLAG Olympische Spiele früher & heute Ein Quantensprung im Leistungssport – Bestell-Nr. 11 321

22 Das olympische Versprechen

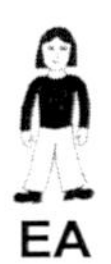
EA

Aufgabe 3: *Was besagt das Olympische Versprechen in deinen Worten?*

EA

Aufgabe 4: **a)** *Doping – was ist damit gemeint?*

b) *Wieso sind auch Drogen bei den Olympischen Spielen verboten?*

EA

Aufgabe 5: *Wie findest du, dass während der Eröffnungsveranstaltung der Olympischen Spiele ein Versprechen erfolgt? Begründe deine Meinung.*

23 Fairplay

Das Wort kommt aus dem Englischen. Großbritannien gilt als das Mutterland des Fairplay. Mit Fairplay ist anständiges Verhalten besonders im Sport gemeint.

Beispiele für faires Verhalten im Sport sind:

- Du hilfst einem verletzten Sportler.
- Du akzeptierst die Entscheidungen des Schiedsrichters bzw. des Kampfrichters.
- Du gratulierst der gegnerischen Mannschaft zum Sieg.
- Als Gewinner eines Wettkampfes wirst du nicht überheblich.
- Du versuchst Gegenspieler mit fairen Mitteln zu stoppen.

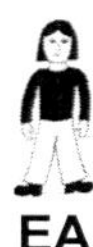
EA

Aufgabe 1: *Nenne 10 weitere Beispiele für Fairplay im Sport.*

- Ich ____________________
- Ich ____________________
- Ich ____________________
- Ich ____________________
- Ich ____________________
- Ich ____________________
- Ich ____________________
- Ich ____________________
- Ich ____________________
- Ich ____________________

KOHL VERLAG Olympische Spiele früher & heute Ein Quantensprung im Leistungssport – Bestell-Nr. 11 321

24 Marathonlauf

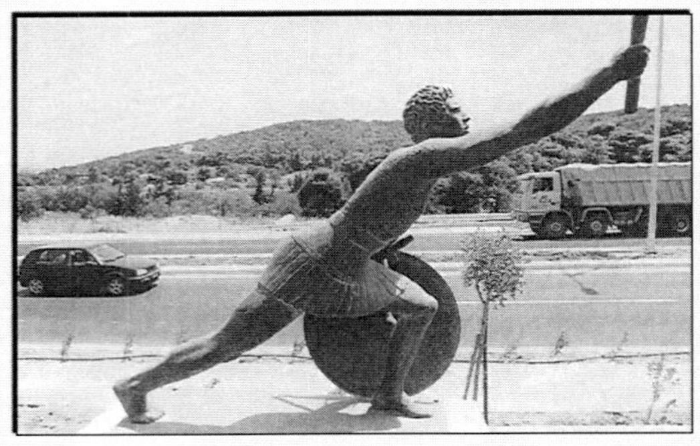

Mit 42,195 km ist der Marathonlauf der längste Langstreckenlauf der Olympischen Sommerspiele. Die Bezeichnung Marathonlauf ist darauf zurückzuführen: Im Jahr 490 v. Chr. besiegten griechische Soldaten überraschend persische Truppen in der Nähe von Marathon, das ca. 40 km nordöstlich von Athen liegt. In den Abendstunden soll ein griechischer Läufer vom Ort des Kampfes nach Athen geeilt sein, um die Nachricht vom Sieg zu überbringen. Der Läufer soll sich verausgabt haben. Mit letzter Kraft erreichte er der Legende nach Athen und verkündete den griechischen Erfolg, sodann sackte er tot auf dem Marktplatz in seiner Heimatstadt zusammen.

In Erinnerung an den legendären Lauf im Altertum wurde ab den ersten Olympischen Spielen der Neuzeit, die 1896 in Athen stattfanden, ein Langstreckenlauf über 40 km in das Sportangebot aufgenommen. Bei den 1908 in London ausgetragenen Olympischen Spielen erfolgte der Start vor dem Schloss Windsor und endete im Stadion vor der königlichen Loge. Diese Strecke war 42,195 km lang. Im Jahr 1921 wurde jene Entfernung offiziell die Streckenlänge des Marathonlaufes. Seit 1984 ist auch der Marathonlauf für Frauen ein olympischer Wettbewerb.

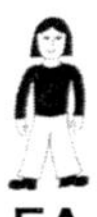
EA

Aufgabe 1: *Angenommen: Ein Marathonläufer legte die 42,195 km lange Strecke mit einer Durchschnittsgeschwindigkeit von 20 km/h zurück.*

a) Wie viele Meter pro Sekunde (m/sec) entsprechen 20 km/h?

____

b) Wie viel Zeit benötigte der Marathonläufer für die 42,195 km?

____

Marathon zu laufen erfordert von den Sportlerinnen und Sportlern enorme Anstrengungen. Man muss sich lange und intensiv darauf vorbereiten. In der Schule können wir den Marathonlauf zu einem „Mini-Marathon“ umwandeln: Wir verkürzen die Strecke auf 1/10, somit sind 4,2195 km zu laufen.

- Welche Schüler(innen) machen mit?
- Wer hat die beste Kondition und gewinnt den „Mini-Marathon“?

25 „Zahlenschießen“

Auch Schießen ist eine olympische Sportart. Mit dem Spiel „Zahlenschießen“ versuchen wir das richtige Schießen nachzumachen. Beim „Zahlenschießen“ verwenden wir 6 sechsflächige Würfel (mit den Augenzahlen 1-6) und einen Würfelbecher. Außerdem werden zumindest 1 Schreibstift und Blankopapier zum Notieren der Rechnungen und der erzielten Ringe benötigt.

Während des Spiels sind die Spieler (= „Schützen“) abwechselnd am Zuge. Wer dran ist, würfelt jeweils einmal mit den 6 Würfeln. Anschließend heißt es für den „Schützen“, die erreichten Augenzahlen – unter Anwendung von Grundrechenarten sowie unter Beachtung der Regeln für die Punkt-, Strich- und Klammerrechnung – rechnerisch so zu verknüpfen, dass sich als Endergebnis 100 (Ringe) oder eine dazu möglichst nahe Zahl ergibt. Wird eine Zahl über 100 als Endresultat erreicht, so gilt dies als Fehlschuss (= null Ringe).

Spielbeispiel (Auszug):

Beim Würfeln erzielt ein Spieler die Augenzahlen: 6, 2, 3, 3, 2, 5

Der Spieler (= „Schütze“) rechnet: ((6 • 3) + 2 + 2 - 3) • 5) = 95
Damit hat der „Schütze“ mit seinem Schuss 95 Ringe erzielt.

Vorschlag:

Jeder „Schütze“ hat 5 oder 10 Schüsse – je nach Vereinbarung. Wer insgesamt die meisten Ringe erzielt, ist Sieger.

Variation:

Anstelle von sechsflächigen Würfeln mit den Augenzahlen 1-6 wird mit Würfeln gespielt, die die Augenzahlen 1-10 aufweisen.

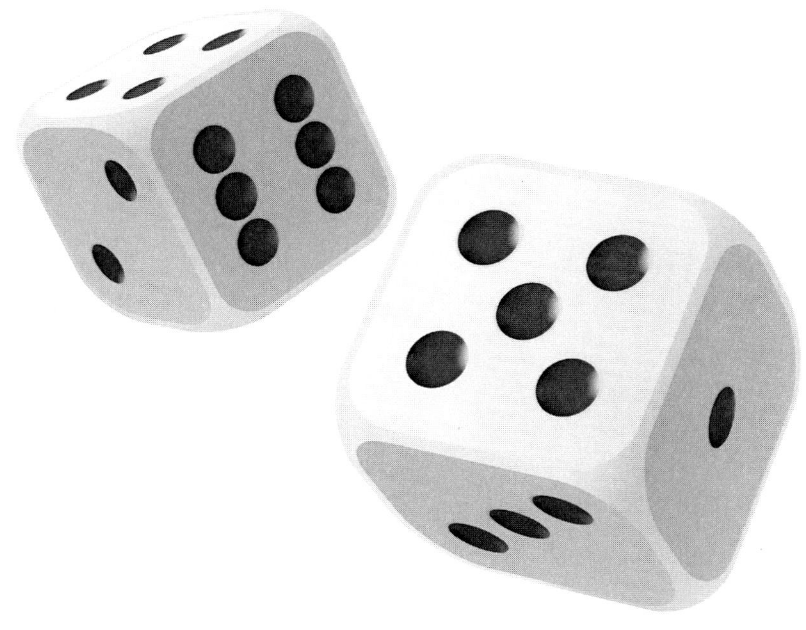

KOHL VERLAG Olympische Spiele früher & heute Ein Quantensprung im Leistungssport – Bestell-Nr. 11 321

26 „Mathe-Tennis“

Tennis ist eine Sportart, die auch bei den Olympischen Sommerspielen ausgetragen wird. Wir spielen „Mathe-Tennis“ und simulieren dabei das bekannte Spiel Tennis. Im Spiel stehen sich zwei Einzelspieler bzw. zwei Doppel (2 Paare) gegenüber.

Im Spiel stellt abwechselnd jeweils ein Einzelspieler bzw. Doppelspieler eine mathematische Aufgabe.

Beispiel: $7x + 3 = 24$; $x = ?$

Diese Aufgabe ist anschließend vom gegnerischen Einzelspieler oder vom Doppel zu beantworten. Wird die Aufgabe vom Gegner richtig beantwortet, erhält dieser dafür einen Punkt. Wenn die Aufgabe nicht korrekt gelöst wird, bekommt der Aufgabensteller für sich oder sein Team (= Doppel) einen Punkt. Voraussetzung dafür ist, dass der Aufgabensteller die Lösung seiner Aufgabe nennen kann. Ist er dazu nicht imstande, geht der Punkt an den Gegner, auch wenn dieser die richtige Antwort nicht weiß. Welcher Spieler zuerst eine Aufgabe stellt, lässt sich auslosen.

So geht es wie beim wirklichen Tennis hin und her. Wer zuerst 6 Punkte (bei mindestens 2 Punkten Vorsprung!) erreicht, gewinnt den Satz (Beispiel 6:3). Nach einem Zwischenstand von 5:5 gewinnt man, sofern man die nächsten 2 Punkte holt, den Satz mit 7:5. Steht es 6:6 unentschieden, gibt es entsprechend dem realen Tennis „Tie-Break“ (= „Unentschieden-Brecher“). Wer den nächsten Punkt erzielt, gewinnt beim Spiel „Mathe-Tennis“ den Satz mit 7:6.

Vorschlag:

Um das gesamte Spiel zu gewinnen, muss man 2 Sätze für sich entschieden haben.

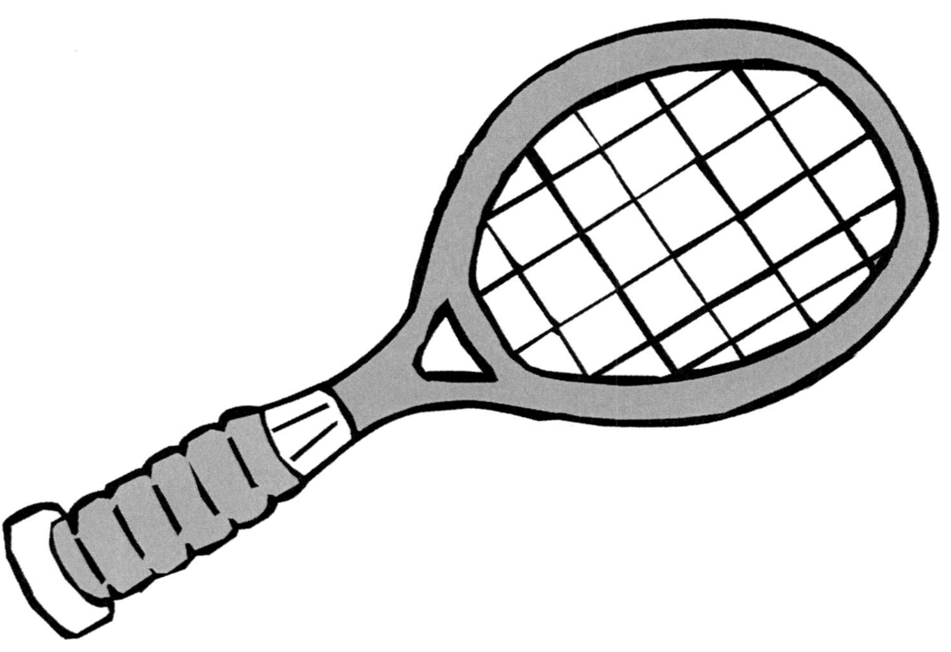

27 Mathematikaufgaben zum Thema Olympische Spiele

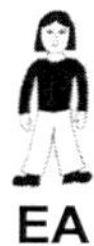

EA

Aufgabe 1: *Schreibe zu den Fragen jeweils einen vollständigen Antwortsatz.*

a) An den Olympischen Winterspielen 2010 nahmen ca. 2500 Aktive teil, davon waren ca. 40 % Frauen. Etwa wie viele Sportlerinnen beteiligten sich an den Olympischen Winterspielen?

b) Bei den Olympischen Sommerspielen 2008 gewann ein Land 51 der insgesamt 302 Goldmedaillen. Wie viel Prozent der Goldmedaillen gewann das Land? (Runde auf 2 Stellen nach dem Komma!)

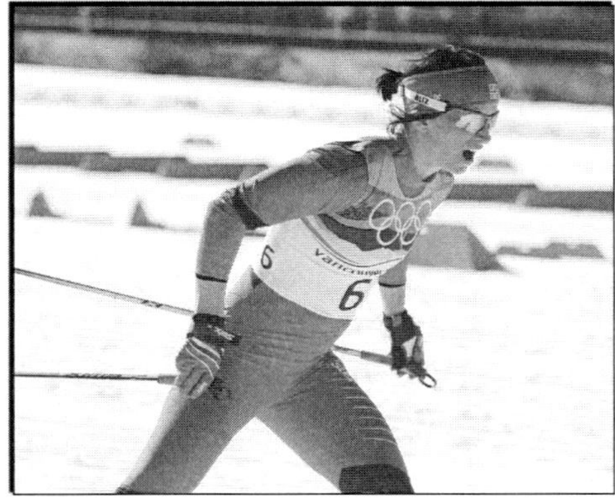

c) Im Weitsprung der Olympischen Spiele 2008 erzielte der Olympiaachte eine Weite von genau 8,00 Metern. Der Olympiasieger sprang 4,25 % weiter. Wie weit sprang der Olympiasieger?

d) Im Kugelstoßen der Frauen erreichte die Olympiasiegerin eine Weite von 20,56 Metern. Sie stieß damit 8,21 % weiter als die Olympiaachte. Auf welche Weite kam die Olympiaachte?

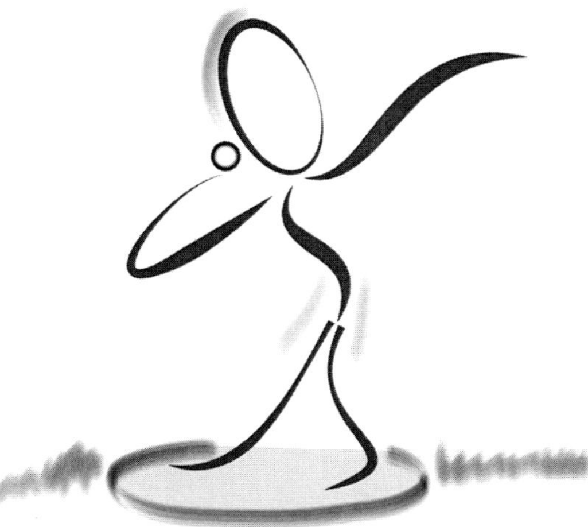

KOHL VERLAG
Olympische Spiele früher & heute
Ein Quantensprung im Leistungssport – Bestell-Nr. 11 321

28 „Elfchen“

Elfchen sind sehr kurze Gedichte, die aus 11 Wörtern bestehen. Die Gedichte müssen sich nicht reimen. Die 11 Wörter sind auf 5 Zeilen verteilt – und zwar:

1. Zeile:	1 Wort	(eine Farbe, eine Eigenschaft, ein Gedanke …)
2. Zeile:	2 Wörter	(ein Lebewesen, ein Gegenstand …)
3. Zeile:	3 Wörter	(Beschreibung einer Handlung, Eigenschaft …)
4. Zeile:	4 Wörter	(Weitere Informationen zur Handlung, Eigenschaft …)
5. Zeile:	1 Wort	(Abschluss, Fazit, Pointe …)

Die Elfchen werden bisweilen jeweils mit einer Überschrift versehen.
Hier sind zwei Beispiel-Elfchen zum Thema Olympische Spiele:

Blau
Der Himmel
Einmarsch der Sportler(innen)
Die Olympischen Spiele beginnen
Freude!

Konzentriert
Eine Hochspringerin
Die Latte schwankt
Aber sie bleibt liegen
Geschafft!

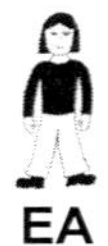
EA

Aufgabe 1: *Überlege dir 2 Elfchen, die mit den Olympischen Spielen zu tun haben, und schreibe Sie auf.*

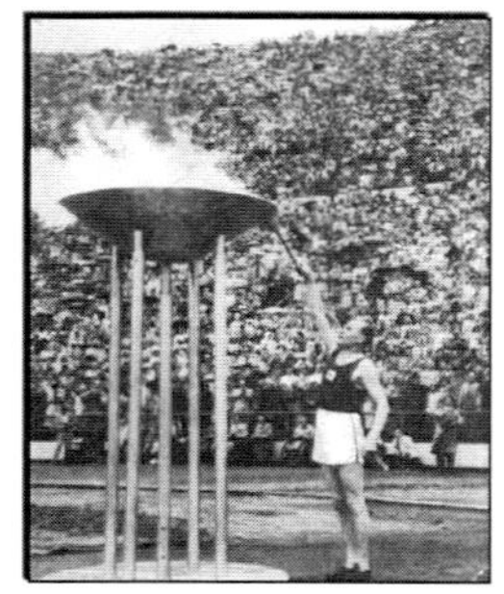

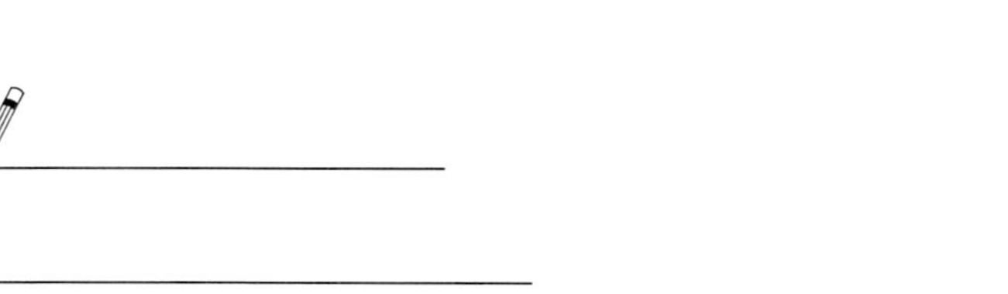

Olympische Spiele früher & heute
Ein Quantensprung im Leistungssport – Bestell-Nr. 11 321
KOHL VERLAG

29 Ein olympischer Wettkampf

Die meisten der begeistert anfeuernden Zuschauer hielten es im olympischen Schwimmstadion nicht mehr aus zu sitzen, sie erhoben sich. Das Finale über 400 Meter Freistil stand kurz vor der Entscheidung. Bei der letzten Wende, 50 Meter vor dem Ziel, führte der kraftvoll schwimmende US-Amerikaner Cliff Williams mit einer halben Körperlänge vor dem Australier Tim Frazer.

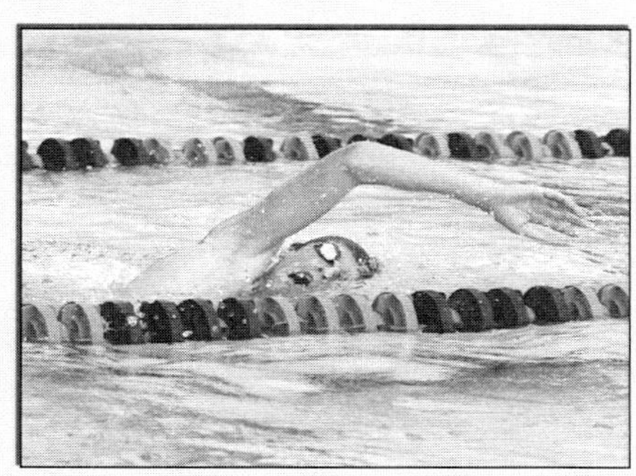

Ich hatte mich auf den 3. Platz vorgekämpft. Angefeuert von zahlreichen deutschen Anhängern mobilisierte ich alle meine Kräfte. Mit fast jedem Armschlag verringerte ich meinen Rückstand auf die zwei führenden Athleten. Ich setzte zum Endspurt an. Lediglich noch etwa 15 Meter waren zu schwimmen, dann nur 10 Meter, nunmehr ca. 5 Meter vor dem Ziel war ich auf gleicher Höhe mit dem US-Amerikaner und dem Australier.

Nochmals erhöhte ich kurz mein Tempo und schlug mit einer Hand am Beckenrand an. Sogleich blickte ich auf die elektronische Anzeigetafel im Schwimmstadion. Alsbald war dort mein Name als Erster zu lesen. Ich konnte es kaum glauben, aber ich war mit 3 hundertstel Sekunden Vorsprung vor Cliff Williams, der den 2. Rang belegte, Olympiasieger über 400 Meter Freistil geworden. Jubelnd stieg ich aus dem Wasser.

Da erschallte plötzlich ein Ruf. „Steh endlich auf, du musst zur Schule!“, rief meine Mutter. Mühsam erhob ich mich aus meinem Bett, wusch und kämmte mich, zog meine Kleidung an und frühstückte schnell. Anschließend fuhr ich mit dem Fahrrad zur Schule.

In den beiden ersten Stunden stand das Fach Deutsch auf dem Stundenplan. Wir schrieben eine Arbeit, einen Aufsatz. Eines der 3 Themen, wovon ein Thema auszuwählen war, lautete: *Ein olympischer Traum*.

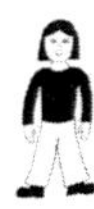

EA

Aufgabe 1: *Denke dir auch eine Fantasiegeschichte zu den Olympischen Spielen aus und schreibe sie auf ein separates Blatt.*

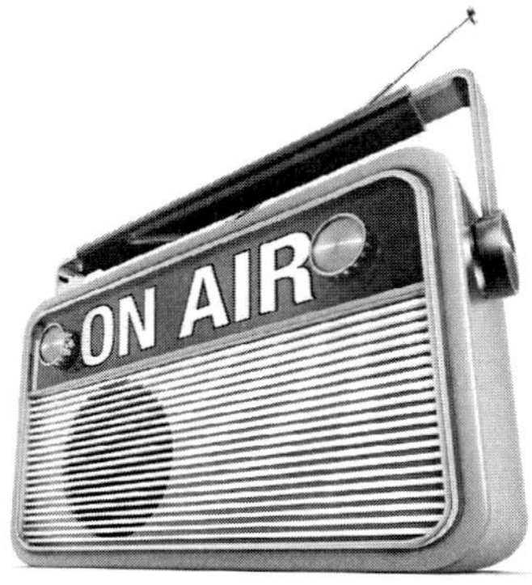

Aufgabe 2:

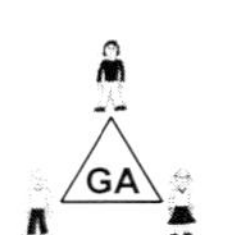

Setzt euch in Zweier- bis Dreiergruppen zusammen. Erstellt eine Moderation für ein olympisches Ereignis eurer Wahl. Stellt euch vor, eure Moderation wird im Radio übertragen. Übt mehrmals, bevor ihr euren Beitrag den anderen präsentiert. Wenn eure „Zuhörer" die Augen schließen, wird eure Moderation noch besser!

KOHL VERLAG Olympische Spiele früher & heute Ein Quantensprung im Leistungssport – Bestell-Nr. 11 321

30 Vorbild bzw. Idol

EA

Aufgabe 1: **a)** *Was ist der Unterschied zwischen einem Vorbild und einem Idol? Informiere dich notfalls per Internet oder Wörterbuch.*

b) *Gibt es eine Sportlerin oder einen Sportler, die/der für dich ein Vorbild bzw. Idol ist? Wenn ja, in welcher Sportart?*

c) *Berichte kurz über das Leben deines Vorbildes/Idols.*

d) *Was gefällt dir an deinem Vorbild bzw. Idol besonders?*

e) *Benötigen die Menschen, besonders Heranwachsende, ein Vorbild bzw. Idol? Begründe deine Meinung.*

KOHL VERLAG Lernen mit Erfolg
Olympische Spiele früher & heute
Ein Quantensprung im Leistungssport – Bestell-Nr. 11 321

31 Das ausgedachte Interview

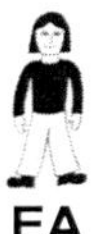
EA

Aufgabe 1: *Angenommen: Du hast die Gelegenheit, eine Teilnehmerin/einen Teilnehmer an den Olympischen Spielen zu interviewen. Wen würdest du gern befragen? Schreibe deine Fragen auf und notiere auch die möglichen Antworten.*

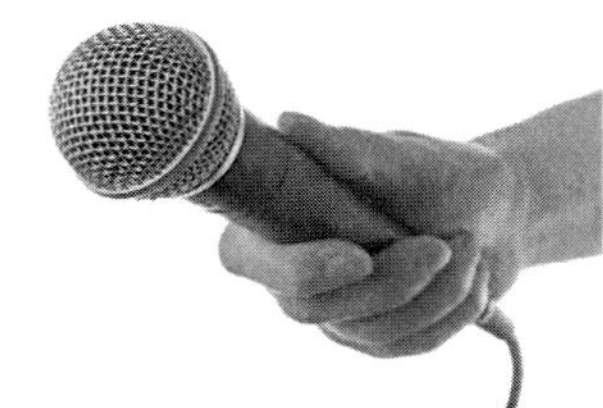

Ich	Olympiateilnehmer(in)

KOHL VERLAG Olympische Spiele früher & heute
Ein Quantensprung im Leistungssport – Bestell-Nr. 11 321

32 Entwicklung der Olympischen Spiele der Neuzeit

EA

Aufgabe 1: *Wie beurteilst du die erwähnten Entwicklungen?*

Früher war nur Amateuren die Teilnahme an den Olympischen Spielen erlaubt, heute dürfen auch Profis (= Berufssportler) mitmachen. Inzwischen sind die meisten Teilnehmer Profis.

Die Teilnahme an den Olympischen Spielen war früher oft wichtiger als der Sieg. Heute ist der Sieg, zumindest der Gewinn einer Medaille für viele wesentlicher.

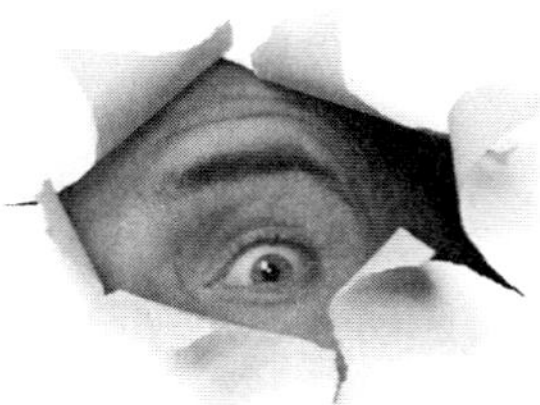

Bisweilen durch „Bestechung“ von IOC –Mitgliedern wurden manche Städte Austragungsorte der Olympischen Spiele.

Die Ausrichtung der Olympischen Spiele ist mit sehr hohen Kosten für die veranstaltenden Städte verbunden (kostspielige Bauten …)

Olympische Spiele haben sich zu einem „Medienspektakel“ entwickelt, umfassend wird darüber informiert.

Die Olympischen Spiele werden immer mehr vermarktet. Sponsoren gewinnen zunehmend Einfluss.

Sport wird aufgrund der Olympischen Spiele in vielen Staaten stärker gefördert als in früheren Zeiten.

Länder nutzen Olympische Spiele zur Propaganda und Steigerung des Prestiges.

Dopingkontrollen werden verstärkt durchgeführt.

Medaillengewinner erhalten direkt und indirekt Geld für ihre Erfolge.

Olympische Spiele früher & heute
Ein Quantensprung im Leistungssport – Bestell-Nr. 11 321
KOHL VERLAG

33 Deine Meinung ist gefragt!

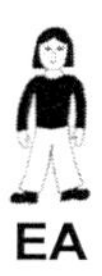

Aufgabe 1: *Begründe jeweils deine Meinung! Was hältst du davon, dass ...*

a) ... in Afrika und Südamerika noch keine Olympischen Spiele ausgetragen wurden?

b) ... Olympische Spiele in einem Land stattfinden, in dem die Menschen unterdrückt und die Menschenrechte nicht eingehalten werden?

c) ... Länder Olympische Spiele boykottieren, d.h. nicht daran teilnehmen, weil das Austragungsland mit Soldaten in einen anderen Staat einmarschiert ist?

d) ... heutzutage Berufssportler (= Profis) an den Olympischen Spielen teilnehmen dürfen?

e) ... es bei der Planung und Durchführung von Olympischen Spielen immer mehr um Geld geht?

f) ... vor und während der Olympischen Spiele bei Sportlern verstärkt Dopingkontrollen durchgeführt werden?

34 Olympisches Rätsel

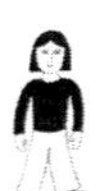
EA

Aufgabe 1: *Trage die gesuchten Begriffe in das Kreuzworträtsel ein. Die Buchstaben in den grauen Kästchen ergeben ein Lösungswort.*

1. Wegbereiter der Olympischen Spiele der Neuzeit; Baron de ...
2. Pflanze, von der ein Kranz für den antiken Olympiasieger geflochten wurde
3. Austragungsort der Olympischen Spiele des Altertums
4. olympische Wassersportart der Neuzeit
5. olympische Wintersportart der Neuzeit
6. Sportplatz mit vielen umgebenen Zuschauerplätzen
7. Stadt, in der das Internationale Olympische Komitee heute seinen Sitz hat
8. Abkürzung für Internationales Olympisches Komitee
9. längster Langstreckenlauf in der Leichtathletik bei den Olympischen Spielen
10. oberster Gott der Griechen im Altertum
11. sehr beliebte Ballsportart, auch bei den Olympischen Spielen der Neuzeit ausgetragen
12. Begriff für anständiges Verhalten, besonders im Sport
13. Fremdwort aus dem Griechischen für eine Pferderennbahn
14. Halbinsel, auf der die Olympischen Spiele des Altertums stattfanden
15. Belohnung für den Sieger eines Wettbewerbs bei den Olympischen Spielen der Neuzeit
16. Austragungsort der ersten Olympischen Spiele der Neuzeit

ö = ö
ß = ss

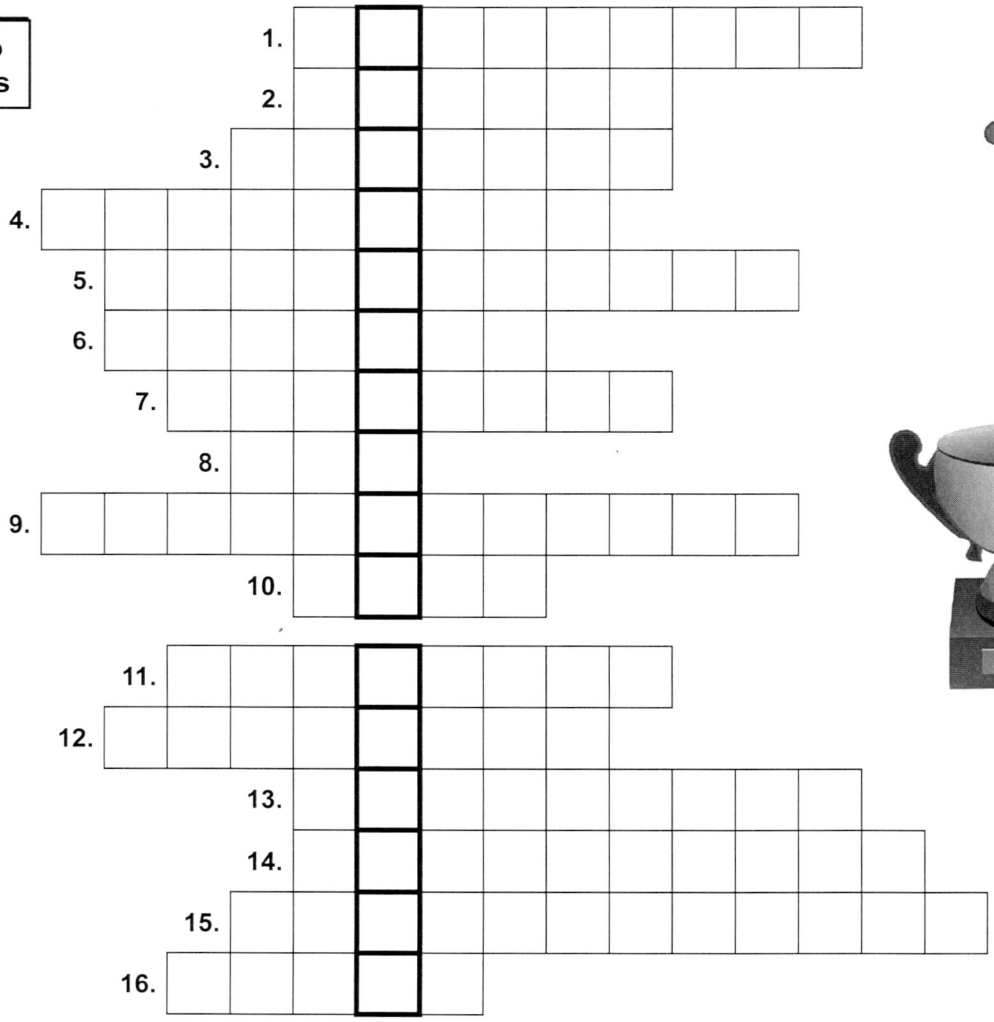

1.
2.
3.
4.
5.
6.
7.
8.
9.
10.
11.
12.
13.
14.
15.
16.

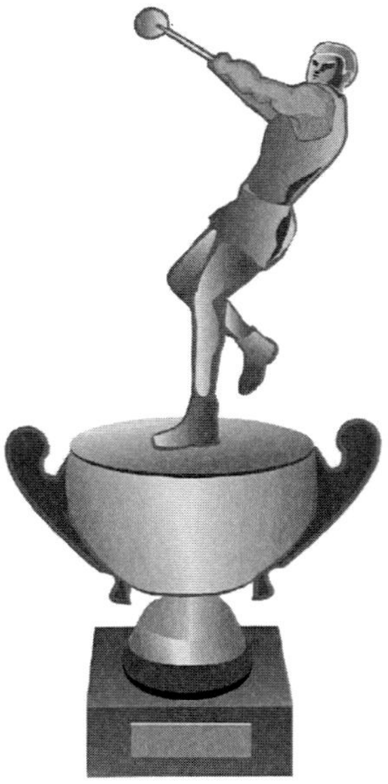

KOHL VERLAG Olympische Spiele früher & heute Ein Quantensprung im Leistungssport – Bestell-Nr. 11 321

35 Biathlon – ein Würfelspiel

Spielerzahl:	möglichst 2-6 Personen
Spielmaterialien:	Spielplan; 5 sechsflächige Zahlenwürfel mit den Augenzahlen 1-6; 1 Würfelbecher; je 1 kleiner Spielstein, der sich von denen der anderen Spieler farblich unterscheidet
Spielregeln:	Biathlon lässt sich als Würfelspiel simulieren. Seit 1960 wird die Sportart Biathlon, die sich aus Skilanglaufen und Schießen zusammensetzt, bei den Olympischen Winterspielen ausgetragen. Unmittelbar vor Spielbeginn stellt jeder Spieler seinen Spielstein vor der Start- und Ziellinie auf. Im Spiel sind die Spieler abwechselnd am Zuge. Wer dran ist, würfelt jeweils einmal mit einem Würfel. Entsprechend der erzielten Augenzahl darf der Spieler seinen Spielstein genauso viele Felder auf der jeweiligen Laufbahn des Spielplans vorziehen. Gelangt ein Spieler aufgrund der mit dem Würfel erreichten Augenzahl in der Runde erstmalig beim Schießstand 1 auf eines der „Schießfelder“ 9, 10, 11, 12, 13 oder 14 bzw. beim Schießstand 2 erstmalig auf eines der „Schießfelder“ 38, 39, 40, 41, 42 oder 43, muss der Spieler anschließend alle 5 Würfel gleichzeitig werfen. Damit wird das Schießen beim Biathlon simuliert. Jede dabei erzielte „1“ gilt als Fehlschuss. Für jeden Fehlschuss muss der betreffende Spieler mit seinem Spielstein eine Strafrunde auf dem Spielplan absolvieren. Beispiel: Zwei „Einsen“ bedeuten also, dass zwei Strafrunden hintereinander „gelaufen“ werden müssen. <u>Übrigens</u>: Auf dem Feld des Spielplans darf sich immer nur 1 Spielstein befinden. Käme ein Spieler aufgrund des Würfelresultates mit seinem Spielstein auf ein Feld, auf dem bereits ein anderer Spielstein steht, so muss der Spieler seinen Spielstein ein Feld vorher stoppen.
Spielsieg:	<u>Vorschlag</u>: Wer mit seinem Spielstein als Erster 2 große Runden auf dem Spielplan zurückgelegt hat, ist Spielgewinner.
Spielvariationen:	Beim Werfen mit 5 Würfeln gilt nicht nur die „1“, sondern auch die „2“ als Fehlschuss.

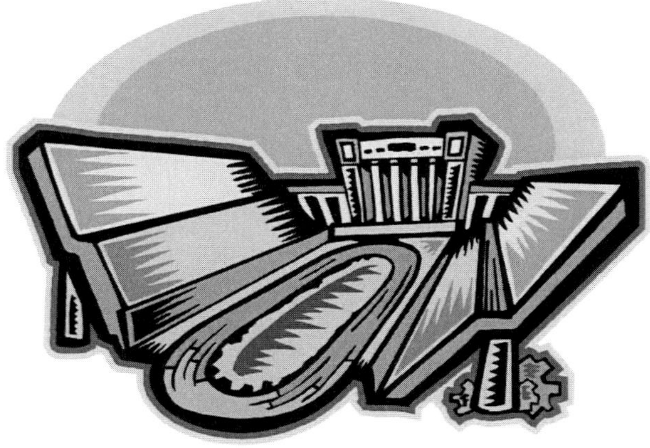

KOHL VERLAG Olympische Spiele früher & heute
Ein Quantensprung im Leistungssport – Bestell-Nr. 11 321

Biathlon – ein Würfelspiel

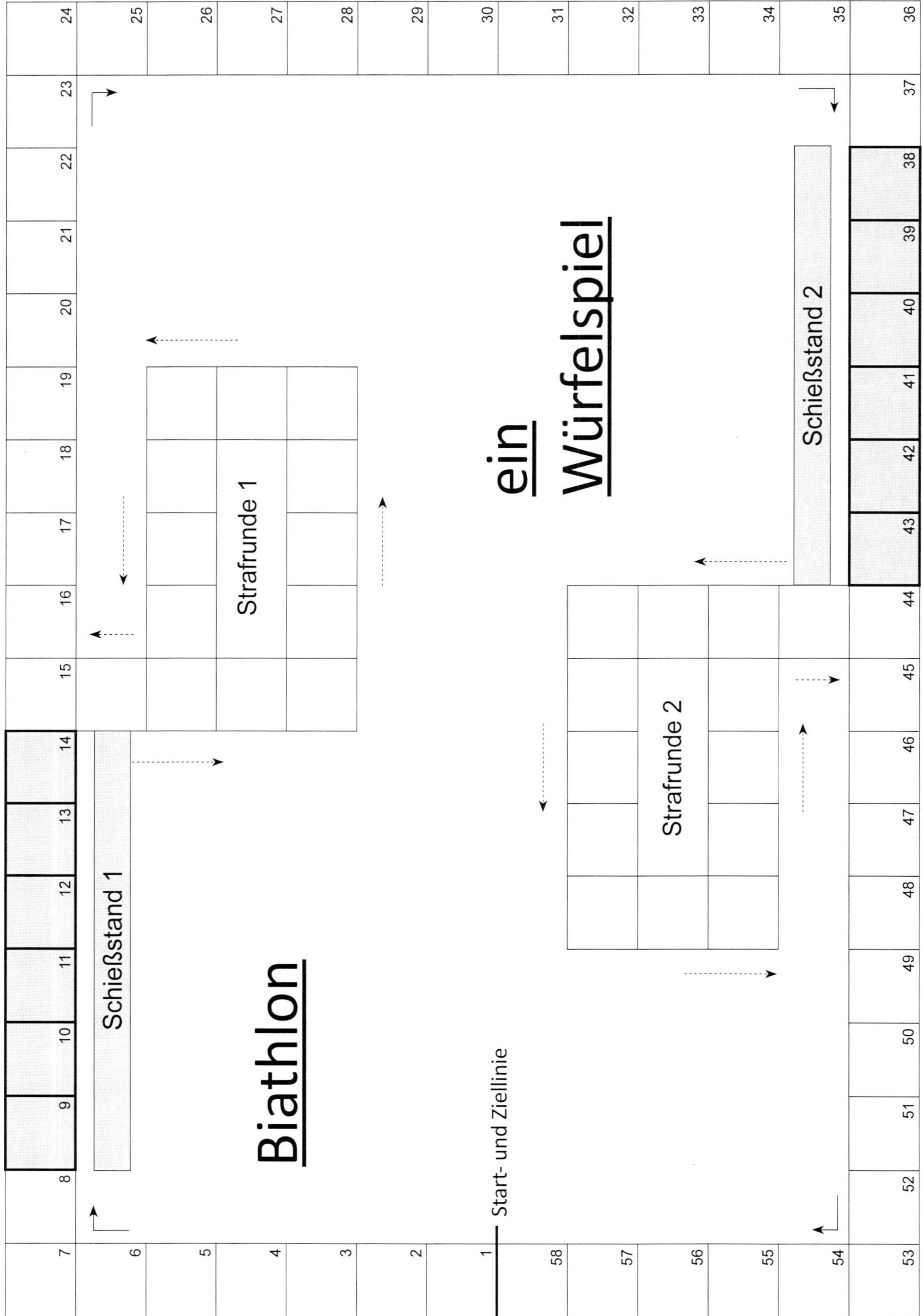

KOHL VERLAG
Olympische Spiele früher & heute
Ein Quantensprung im Leistungssport – Bestell-Nr. 11 321

36 Altgriechische Olympiade

Wir wagen einmal den Blick zurück in die Vergangenheit und machen (gedanklich) eine Zeitreise zurück in das alte Griechenland nach Olympia und simulieren eine antike Olympiade.

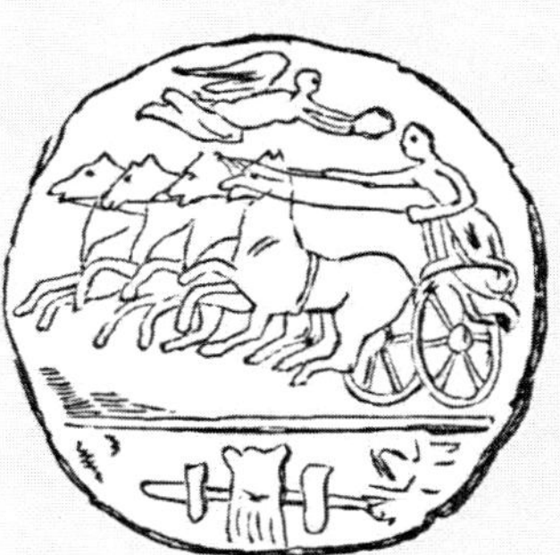

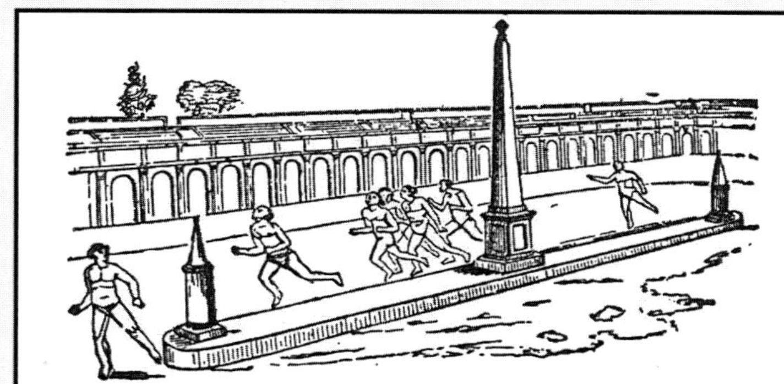

In Anlehnung an die Olympischen Spiele der Antike können bei der Simulation folgende 10 Disziplinen stattfinden:

- **Kurzstreckenlauf („Dromos")**
  Strecke: eine Stadionlänge = 192 m
  Der Kurzstreckenlauf war bei den Olympischen Spielen im Jahr 776 v. Chr. der einzige Wettbewerb!
  Simulation: Eine bestimmte Strecke auf dem Schulgelände festlegen.

- **Doppellauf („Diaulos")**
  Strecke: zwei Stadionlängen = 384 m

- **Langstreckenlauf („Dolichos")**
  Der antike Langstreckenlauf umfasste zuerst 8 Stadionlängen (= 1536 m), später bis zu 24 Stadionlängen (= 4608 m).

- **Waffenlauf („Hoplitodromos")**
  Zu Beginn der Olympischen Spiele wurde der Waffenlauf in voller Rüstung, später lediglich mit dem Schild ausgetragen. Als Hopliten wurden schwer bewaffnete Fußkämpfer bezeichnet.
  Simulation: Die Teilnehmer laufen z.B. (u.a.) mit einem Helm, um den Körper gehängten Gymnastikreifen sowie einem Gymnastikstab in einer Hand.

- **Weitsprung**
  Der antike olympische Weitsprung war wahrscheinlich ein Fünf(fach)-Sprung. Gesprungen wurde mit Sprunggewichten; diese sollten eine Vergrößerung des Schwungs bewirken.
  Simulation: Die Sprünge können jeweils in jeder Hand mit einer Flasche aus Plastik erfolgen, die mit Sand gefüllt ist.

- **Diskuswurf**
  Simulation: Entweder ist ein Dosendeckel, eine Frisbeescheibe bzw. ein Ringtennisring zu werfen.

Olympische Spiele früher & heute
Ein Quantensprung im Leistungssport – Bestell-Nr. 11 321
KOHL VERLAG

- **Speerwurf**
  Simulation: Zum Werfen kann ein Gymnastikstab benutzt werden.

- **Ringen**
  Simulation: Auf Weichmatten wird „gekämpft". Wer zuerst mit dem Rücken die Matte berührt, hat verloren (aber ohne große Gewalteinwirkung (!!), Kampfrichter ist erforderlich)

- **Wagenrennen mit Vierergespannen**
  Simulation: Ein auf einem Rollbrett sitzender „Wagenlenker" wird von vier „Pferden" per Seil gezogen. Alternative: Der „Wagenlenker" sitzt auf einem Gymnastikstab und wird von vier „Pferden" getragen.

- **Wagenrennen mit Zweiergespannen**
  Simulation: Ein auf einem Rollbrett sitzender „Wagenlenker" wird von zwei „Pferden" per Seil gezogen. Alternative: Der „Wagenlenker" sitzt auf einem Gymnastikstab und wird von zwei „Pferden" getragen.

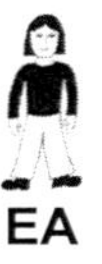
EA

Aufgabe 1: a) *Welche Verbesserungsvorschläge hast du?*

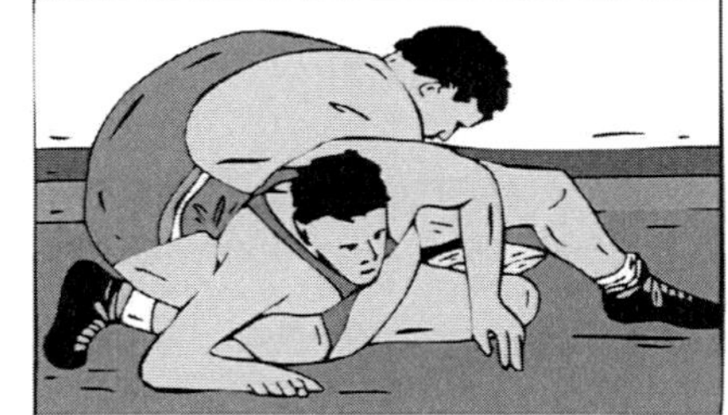

b) *Was findest du bei der Vorbereitung besonders wichtig?*

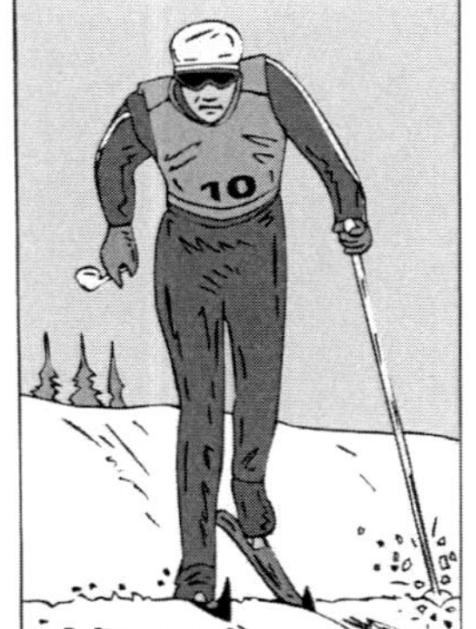

c) *Worauf muss unbedingt geachtet werden?*

KOHL VERLAG Olympische Spiele früher & heute Ein Quantensprung im Leistungssport – Bestell-Nr. 11 321

37 „Alternative Olympic Summer Games“

Wir tragen nicht die herkömmlichen Wettbewerbe der Olympischen Sommerspiele aus, sondern entscheiden uns für andere Möglichkeiten. Wie wäre es mit den folgenden Wettbewerben?

- 50 Meter Rückwärtslauf
- Weitsprung aus dem Stand bzw. Weitsprung mit einem Stab
- Weitwurf mit einem Schwamm oder Weitwurf mit einem Bierdeckel
- Dreikampf, der aus Rückwärtslauf, Rückwärtssprung und Rückwärtswurf besteht
- Limbo Dancing: Unterquerung einer Latte mit schiebenden Tanzbewegungen: Wer „untertanzt“ die geringste Höhe einer Latte?
- Glas-Stemmen: Ein mit Wasser gefülltes Glas muss möglichst lange mit einem ausgestreckten Arm gehalten werden
- Schiebekampf Rücken an Rücken: Wer schiebt wen weg?
- „Trockenschwimmen“: Die „Schwimmer“ liegen mit dem Bauch auf einem Rollbrett und bewegen sich mit Händen und Füßen vorwärts
- Tischtennis gespielt mit Bratpfannen
- Fußball mit einem Rugbyball

EA

Aufgabe 1: *Welche der genannten Wettbewerbe gefallen dir?*

PA

Aufgabe 2: *Welche weiteren alternativen Wettbewerbe fallen euch noch ein?*

KOHL VERLAG Olympische Spiele früher & heute – Ein Quantensprung im Leistungssport – Bestell-Nr. 11 321

38 „Olympic Winter Games“

Schnee und Eis in der Natur gibt es leider nicht immer. Deshalb simulieren wir olympische Wintersportarten in der Sporthalle auf spielerische Weise. Die Teilnehmer suchen sich jeweils einen Staat aus, in dessen Namen sie bei den „Olympic Winter Games“ in den Wettbewerben antreten.

In jedem Wettbewerb werden der/die „Goldmedaillengewinner“, „Silbermedaillengewinner“ und „Bronzemedaillengewinner“ ermittelt. Letztlich sollte die Teilnahme an den „Olympic Winter Games“ jedoch wichtiger sein als das Siegen. Im Vordergrund stehen das Erlebnis, der sportliche Wetteifer, das Miteinander, der Spaß und die Freude an der Bewegung. Jeder Schüler erhält für das Mitmachen eine Teilnehmer-Urkunde.

Im Rahmen der „Olympic Winter Games“ können beispielsweise folgende Wettbewerbe ausgetragen werden:

- **„Eisschnelllauf“**
  Simulation: Stehend auf zwei Teppichfliesen simulieren die Läufer das Eisschnelllaufen. Wer legt eine Hallenrunde in der schnellsten Zeit zurück?

- **„Eiskunstlauf“**
  Simulation: In Filzpantoffeln wird eine Kür gelaufen. Welche Kür wird von den Kampfrichtern am besten bewertet? Auch Paarlaufen ist möglich.

- **„Skilanglauf“**
  Simulation: Die Aktiven stehen auf Rollbrettern oder Pedalos und bewegen sich mit Hilfe von jeweils zwei Gymnastikstäben (= „Skistöcke“) voran. Wer schafft eine oder mehrere Hallenrunden in der kürzesten Zeit?

- **„Skifahren“**
  Simulation: Wettlauf zwischen z.B. Vierer-Teams: Diese stehen auf langen Brettern mit Halterungen und versuchen im Gleichschritt voranzukommen.

- **„Biathlon“**
  Simulation: Die Teilnehmer legen die Rundstrecke auf Teppichfliesen, in Filzpantoffeln oder stehend auf Rollbrettern mit Hilfe von Gymnastikstäben (= „Skistöcke“) zurück. Unterwegs werfen die Läufer mit kleinen Bällen auf Ziele. Im Fall eines Fehlversuches muss jeweils eine kleine „Strafrunde“ gelaufen werden. Wer erreicht zuerst bzw. in der kürzesten Zeit das Ziel? Kegelförmige Hütchen, die umgedreht zwischen zwei Langbänken eingeklemmt werden, können als Wurfziele dienen, in die die kleinen Bälle hineingeworfen werden müssen. Strafrunden werden mit Hütchen hinter dem „Schießstand" abgesteckt.

- **„Eishockey“**
  Simulation: Das Spiel Unihoc wird zum „Eishockey“ erklärt und evtl. ein wenig verändert. Statt mit einem Ball wird mit einem Puck gespielt …

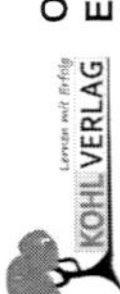

- **„Rodeln“**
  Simulation: An einer Sprossenwand wird u.a. mit Hilfe von eingehängten Langbänken eine schiefe Ebene (= Hang) gebaut. Die Teilnehmer fahren mit ihren Rollbrettern den Hang hinab. Wer gleitet mit seinem Rollbrett (= „Schlitten“) am weitesten? Auf die Sicherheit achten!

- **„Skispringen“**
  Simulation: Von einer Sprossenwand aus entsteht eine „Sprungschanze“, indem zwei oder noch mehrere Langbänke auf einer Seite in die Sprossenwand eingehängt werden. Auf der anderen Seite werden die Langbänke auf einen großen Kasten aufgelegt und zur Sicherheit verankert. Die „Skispringer“ laufen die „Sprungschanze“ hinunter, springen ab und versuchen auf der ausgelegten Sprungmatte eine möglichst große Weite zu erzielen. Für Haltungsfehler beim Sprung (= „Flug“) und bei der Landung gibt es Punktabzüge.

  Alternative: Die Teilnehmer springen von einem am Ende der „Sprungschanze“ aufgestellten Mini-Trampolin ab.

- **„Bobfahren“**
  Simulation: Mit Hilfe von Hütchen wird eine kurvenreiche „Bobbahn“ gebaut. Ein umgedrehtes Kastenoberteil, das auf ein bzw. zwei Rollbretter gelegt wird, bildet die Karosserie des Bobs. Im Kastenoberteil sitzt der Steuermann des Bobs. Der Partner schiebt den Bob. Welches Paar bewältigt die Strecke am schnellsten?

- **„Curling“**
  Simulation: Curling ist eine Mannschaftssportart. Auf einer Eisbahn versuchen die Spieler ihren Spielstein möglichst nahe zum Zielpunkt gleiten zu lassen. „Curling“ lässt sich in der Halle ohne Eis simulieren. Anstelle eines Curlingsteines wird eine Boßelscheibe benutzt. Diese weist unten Borsten auf und wird sonst beim Boßeln – einer beliebten Hallensportart für ältere, behinderte Menschen – verwendet.

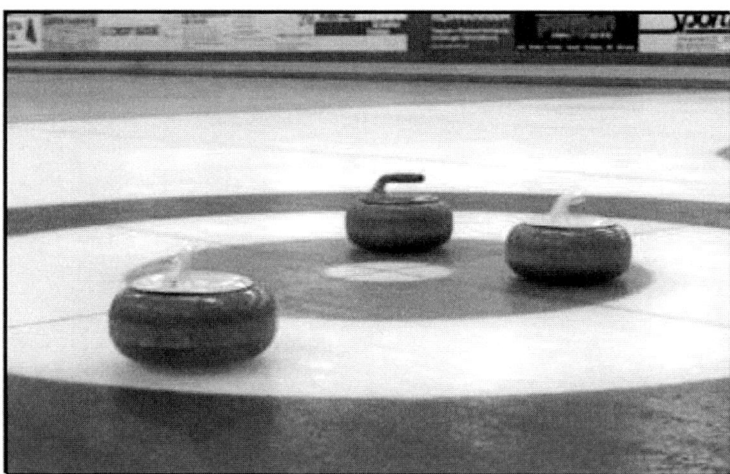

Olympische Spiele früher & heute
Ein Quantensprung im Leistungssport – Bestell-Nr. 11 321
KOHL VERLAG

38 „Olympic Winter Games“

Platz	Staat (Spieler)	Gold-medaille	Silber-medaille	Bronze-medaille	Punkte
1					
2					
3					
4					
5					
6					
7					
8					
9					
10					
11					
12					
13					
14					
15					
16					
17					
18					
19					
20					
21					
22					
23					
24					
25					

Punktwertung: 1 Goldmedaille = 3 Pkt., 1 Silbermedaille = 2 Pkt., 1 Bronzemedaille = 1 Pkt.

KOHL VERLAG Olympische Spiele früher & heute Ein Quantensprung im Leistungssport – Bestell-Nr. 11 321

39 „Partner-Olympiade“

Auf geht's zur „Partner-Olympiade“! Jeweils zwei Schüler bilden ein Team. Die Teams liefern sich Wettkämpfe in verschiedenen Disziplinen. Die Erstplatzierten in einer Disziplin sind die „Goldmedaillengewinner“, die Zweitplatzierten die „Silbermedaillengewinner“ und die Drittplatzierten die „Bronzemedaillengewinner“.

Möglich ist auch eine Gesamtwertung: Für jeden errungenen ersten Platz bekommen die Paare 3 Punkte, für den zweiten Platz zwei Punkte und für den dritten Platz 1 Punkt. Gesamtsieger der „Partner-Olympiade“ wird, wer insgesamt die meisten Punkte erzielt.

Bei der „Partner-Olympiade“ können z.B. folgende Disziplinen stattfinden:

- **Tandemlaufen:** Die beiden Partner müssen sich während des Laufens per Hand anfassen.
- **Dreibeinlaufen:** Durch ein Seil sind die beiden anliegenden Beine der Partner miteinander verbunden.
- **Paar-Duathlon:** Der eine Partner fährt mit dem Fahrrad, der andere läuft daneben oder dahinter.
- **Schubkarrenlaufen** ohne bzw. mit einer realen Schubkarre
- **Paarweitsprung:** Die Partner haben sich beim Sprung an einer Hand anzufassen.
- **Doppelpässe mit dem Ball:** Die Partner spielen sich einen Fußball flach zu, ohne dass dieser gestoppt werden darf.
- **Ballwechsel:** Die Partner müssen sich möglichst oft einen Tischtennisball, Federball oder Volleyball zuspielen, dieser darf nicht auf den Boden fallen.
- **Zuwerfen und Fangen** eines Balles, Frisbees bzw. Ringes
- **Balltreffer:** Der eine Partner wirft einen Ball hoch, der andere Partner muss den hoch geworfenen Ball mit einem zweiten Ball treffen.
- **Dreibeinzielschießen:** Das Paar muss mit den beiden zusammengebundenen Beinen auf ein Tor schießen.
- **Rollbretterrennen:** Der eine Partner schiebt seinen auf einem Rollbrett sitzenden Partner möglichst schnell.
- **Seilspringen zu zweit**
- **Kistenlaufen:** Die Paare haben z.B. auf umgedrehten Bierkisten eine Distanz zurückzulegen, ohne mit den Füßen oder sonstigen Körperteilen den Erdboden zu berühren.

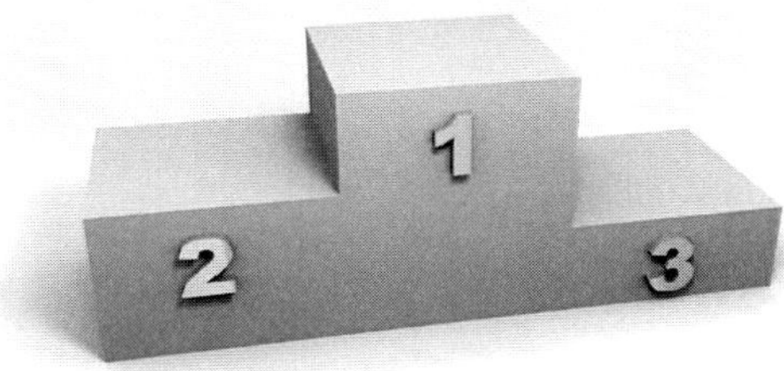

Teilnehmerliste für den Wettbewerb

Start-Nr.	Name	Mannschaft	Leistung(en)	Platzie-rung

40 Medaillen

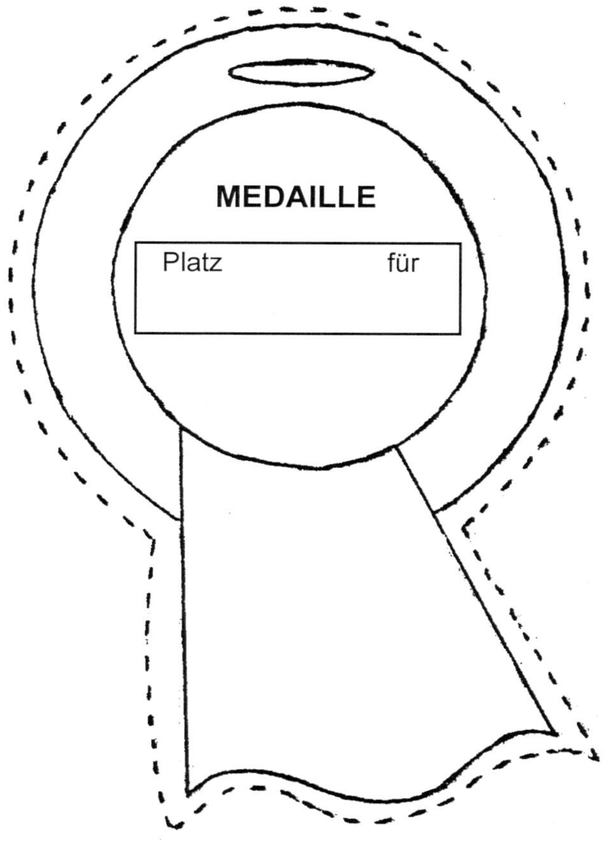

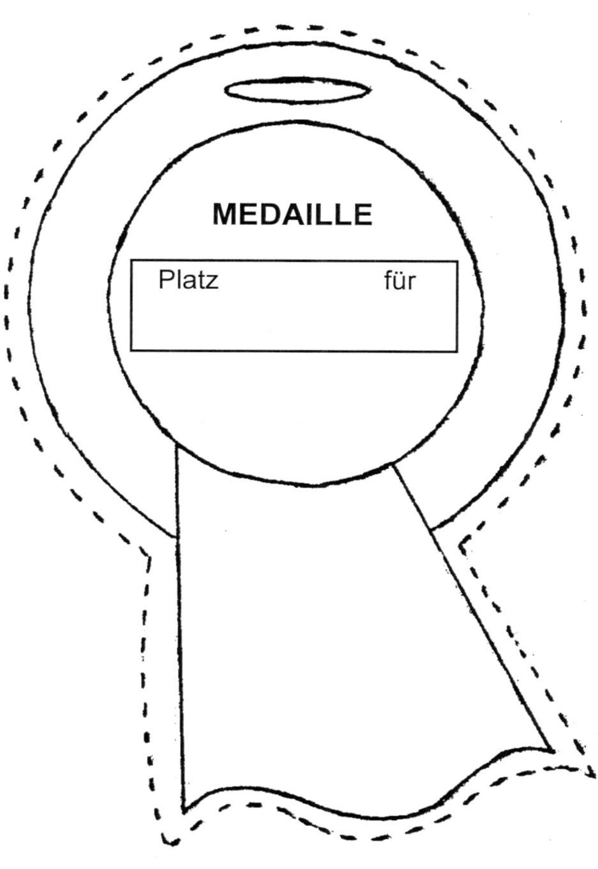

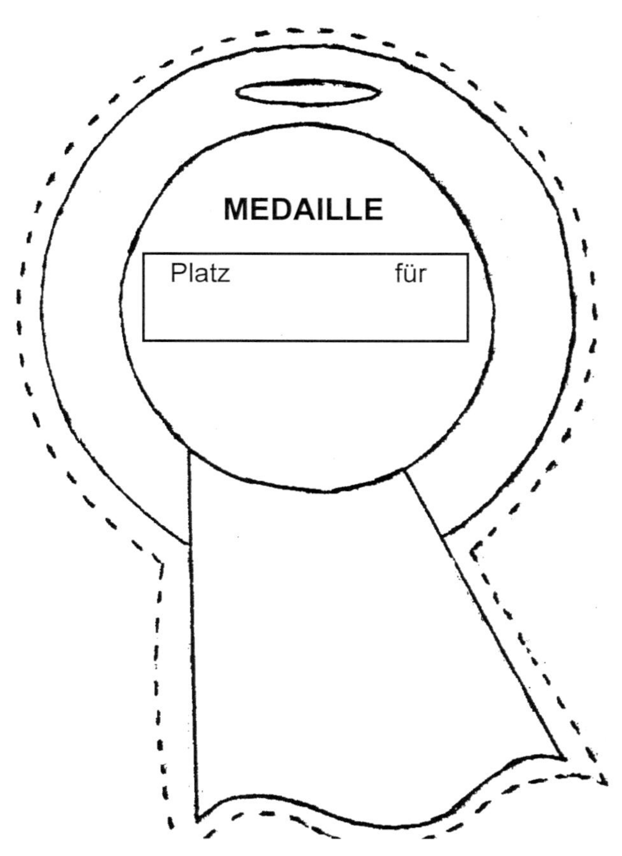

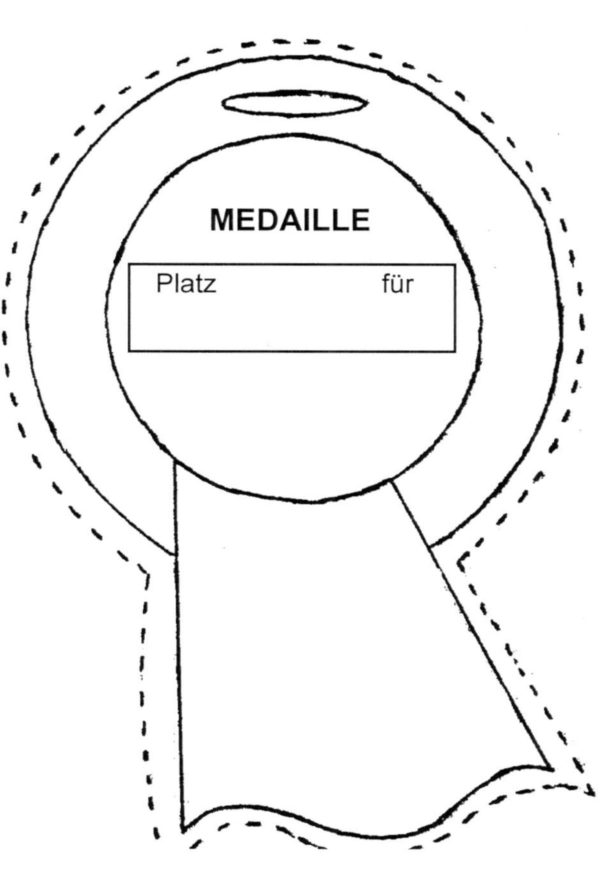

41 Urkunde

Olympische Spiele

Urkunde

für

____

____

Ort *Datum*

42 Lösungen

1 **Aufgabe 1:** **a)** Olympia; **b)** Zeus; **c)** Kurzstreckenlauf; **d)** Wettbewerbe; **e)** Griechen; **f)** Sommer; **g)** Kranz; **h)** Beiprogramm; **i)** Provinz; **j)** Christ

4 **Aufgabe 1:** **1.** wahr; **2.** wahr; **3.** unwahr; **4.** unwahr; **5.** unwahr; **6.** wahr; **7.** wahr; **8.** wahr; **9.** unwahr; **10.** unwahr; **11.** wahr

Aufgabe 2: Korrigierte Aussagen:

3. Einer der Höhepunkte der Olympischen Spiele war der Kurzstreckenlauf.
4. Der antike Fünfkampf bestand aus Speerwerfen, Diskuswerfen, Weitsprung, Laufen und Ringen.
5. An den Olympischen Spielen durften alle Sportler teilnehmen, die freie Männer waren.
9. Es wurden die Olympiasieger notiert.
10. Olympiasieger konnte man mehrmals werden.

5 **Aufgabe 1:** Die bedeutendsten und größten antiken Bauten waren der Zeustempel, Heratempel, das Stadion und die Pferderennbahn (= Hippodrom).

Aufgabe 2: Die Bauten wurden durch Plünderungen, Feuer, Erdbeben oder Tsunamis sehr stark beschädigt oder zerstört. Überschwemmungen überzogen die Ruinen mit einer dicken Schlammschicht.

7 **Aufgabe 1:** **a)** Völkerverständigung; **b)** Sitz; **c)** Nationen; **d)** Ausnahme; **e)** Frauen; **f)** Europa; **g)** Flagge; **h)** Winterspiele; **i)** Jahr; **j)** Flamme; **k)** Sportler(innen)

9 **Aufgabe 1:** Richtige Reihenfolge (von oben nach unten): 10, 7, 5, 3, 6, 1, 9, 2, 8, 4

Aufgabe 2:

um 1000 v. Chr.	Gründung der Olympischen Spiele des Altertums.
776 v. Chr.	Zum ersten Mal werden die Olympischen Spiele schriftlich erwähnt.
708 v. Chr.	Der antike Fünfkampf wird bei den Olympischen Spielen eingeführt.
520 v. Chr.	Einführung des Waffenlaufs (Hoplitenlauf) über 2 Stadionlängen bei den Olympischen Spielen.
394 n. Chr.	Die Olympischen Spiele werden durch den römischen Kaiser Theodosius I. verboten.
1896	Die ersten Olympischen Spiele der Neuzeit finden in Athen in Griechenland statt.
1900	Frauen dürfen erstmals als Sportlerinnen an den Olympischen Spielen teilnehmen.
1904	Die Olympischen Spiele werden erstmalig außerhalb von Europa in St. Louis in den USA veranstaltet.
1920	Die Olympische Flagge (mit 5 Ringen) wird erstmalig bei den Olympischen Spielen in Antwerpen in Belgien gehisst.
1924	In Chamonix in Frankreich werden die ersten Olympischen Winterspiele ausgetragen.

11 **Aufgabe 1:**

Die Olympischen Spiele des Altertums:	Die Olympischen Spiele der Neuzeit:
- nur Olympische Sommerspiele	- Olympische Sommer- und Winterspiele
- in Olympia (Griechenland) ausgetragen	- in verschiedenen Städten und Orten der Erde ausgetragen
- lediglich Teilnahme von Sportlern	- Teilnahme von Sportlerinnen und Sportlern
- besonders zu Ehren des Gottes Zeus	- dienen der Völkerverbindung
- ursprünglich ausschließlich für griechische Aktive	- Aktive aus aller Welt
- Dauer 5 oder 6 Tage (anfangs 1 Tag)	- Dauer gewöhnlich 14 – 16 Tage
- zunächst allein 1 Sportart	- (sehr) viele Sportarten
- u. a. Wagenrennen	- u. a. Schwimmen
- ein geflochtener Kranz aus Zweigen vom heiligen Ölbaum für die Sieger	- Goldmedaille für die Sieger(innen)
- kein Preis für die Zweit- und Drittplatzierten	- Silbermedaille für die Zweitplatzierten und Bronzemedaille für die Drittplatzierten

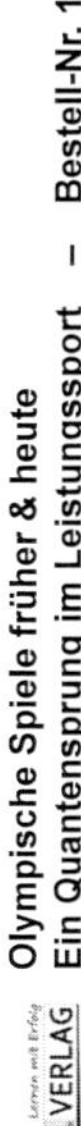

12 Aufgabe 1:

a) Der Kontinent Antarktika wurde nicht berücksichtigt.
b) In Antarktika leben keine Menschen dauerhaft. Die Naturbedingungen sind dort zu widrig, um Olympische Spiele austragen zu können.

Aufgabe 3:

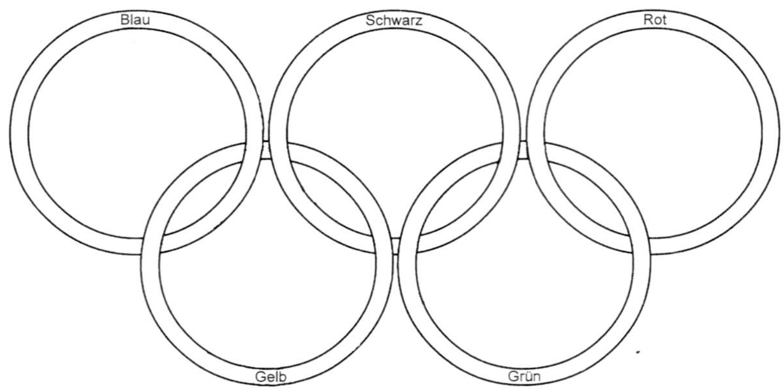

14 Aufgabe 1:

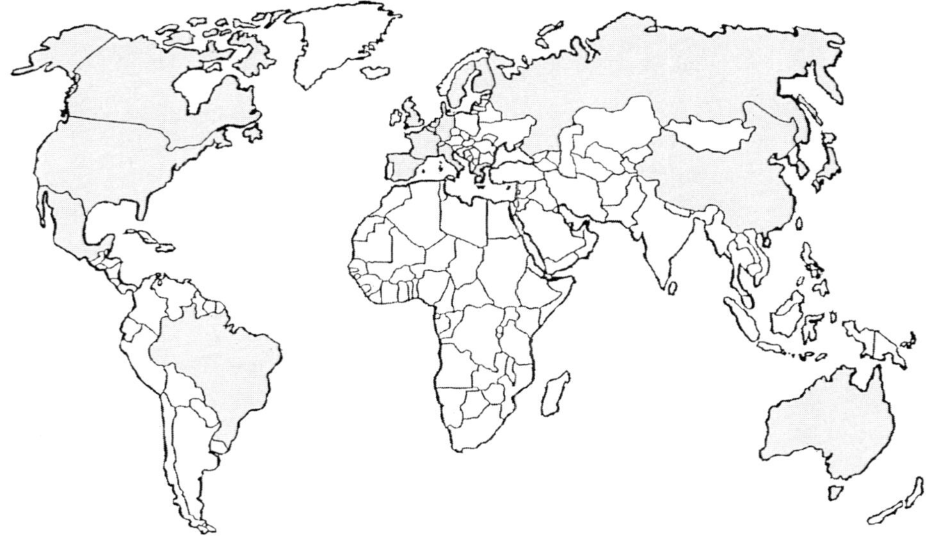

Aufgabe 2:

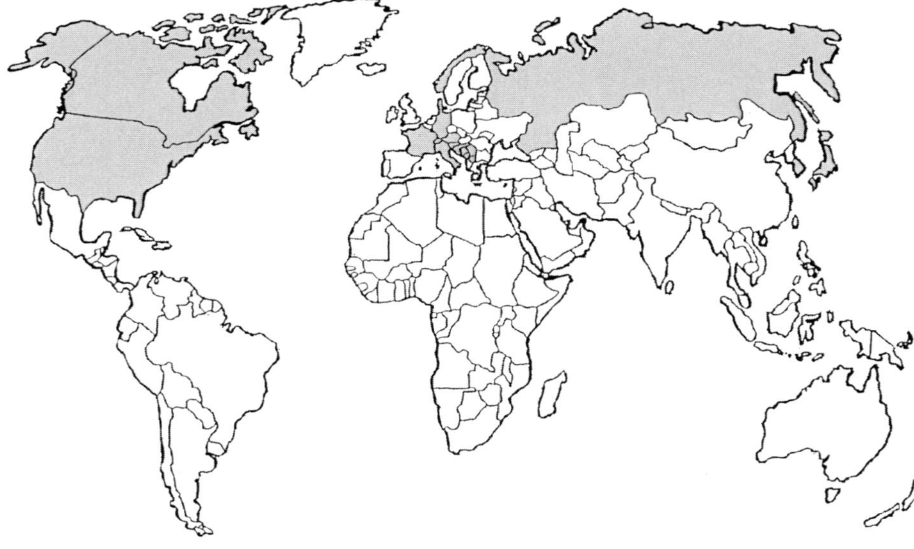

KOHL VERLAG Olympische Spiele früher & heute
Ein Quantensprung im Leistungssport – Bestell-Nr. 11 321

42 Lösungen

15 Aufgabe 1:

a) Olympische Sommerspiele wurden bisher auf den Kontinenten Europa, Amerika, Australien und Ozeanien sowie Asien durchgeführt.
b) Auf den Kontinenten Afrika und Antarktika wurden noch keine Olympischen Sommerspiele ausgetragen.
c) Die meisten Olympischen Sommerspiele gab es in Europa (15x).
d) USA (4x), Großbritannien (2x), Griechenland (2x), Deutschland (2x), Frankreich (2x), Australien (2x)
e) Athen (2x), London (2x), Los Angeles (2x)

Aufgabe 2:

a) Olympische Winterspiele wurden bisher auf den Kontinenten Europa, Asien und Amerika durchgeführt.
b) Auf den Kontinenten Australien und Ozeanien, Afrika und Antarktika wurden noch keine Olympischen Winterspiele ausgetragen.
c) Die meisten Olympischen Winterspiele gab es in Europa (13x).
d) USA (4x), Frankreich (3x), Österreich (2x), Schweiz (2x), Italien (2x), Norwegen (2x), Japan (2x), Kanada (2x)
e) St. Moritz (2x), Lake Placid (2x), Innsbruck (2x)

16 Aufgabe 1:

Z	A	W	B	X	R	A	L	X	B	Q	F	Y	L	C	D	E	M
C	R	B	O	G	E	N	S	C	H	I	E	S	S	E	N	X	K
F	B	Q	X	T	I	D	V	C	O	E	C	W	C	D	F	S	O
G	U	X	E	H	T	W	K	E	C	T	H	R	H	V	D	C	M
P	E	G	N	A	S	G	S	Z	K	U	T	Z	W	U	V	H	O
B	V	I	R	N	P	Y	F	S	E	H	E	J	I	J	G	I	D
R	Z	J	U	D	O	F	N	Z	Y	A	N	H	M	Y	Z	E	E
Q	Y	F	A	B	R	U	D	E	R	N	C	Q	M	G	J	S	R
E	H	P	D	A	T	P	Y	I	G	F	B	H	S	W	Y	S	N
F	A	A	B	L	F	U	S	S	B	A	L	L	P	O	I	E	E
R	S	R	C	L	L	O	K	A	N	U	S	P	O	R	T	N	R
A	C	I	T	R	I	A	T	H	L	O	N	K	R	N	B	T	F
D	B	N	I	O	C	Z	A	Z	M	J	D	E	T	S	X	M	Ü
S	A	G	D	P	H	G	E	W	I	C	H	T	H	E	B	E	N
P	G	E	K	U	K	A	K	Q	L	V	K	W	M	X	A	B	F
O	E	N	K	U	C	S	W	R	F	D	L	J	W	I	S	O	K
R	C	F	T	A	I	B	A	D	M	I	N	T	O	N	K	I	A
T	I	S	C	H	T	E	N	N	I	S	H	V	N	X	E	O	M
L	S	L	M	N	G	S	D	G	M	O	H	R	V	P	T	W	P
S	E	N	S	T	N	U	O	I	J	F	N	I	Q	W	B	M	F
K	G	H	E	S	Q	B	U	R	T	U	R	N	E	N	A	Y	P
P	E	O	T	O	T	D	J	R	R	H	E	X	P	S	L	T	Q
J	L	E	I	C	H	T	A	T	H	L	E	T	I	K	L	X	K
C	N	O	L	M	I	V	U	R	T	E	N	N	I	S	W	B	N
L	X	Q	N	T	Y	V	O	L	L	E	Y	B	A	L	L	A	Z

17 Aufgabe 1:

Individuelle Lösungen.

18 Aufgabe 1:

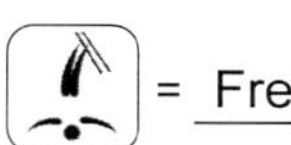 = Freistil-Ski

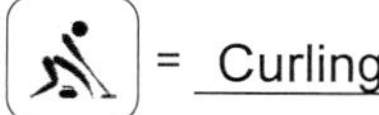 = Curling

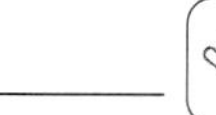 = Snowboard

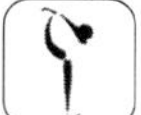 = Eiskunstlauf

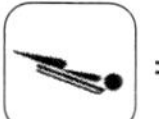 = Skeleton

 = Nordische Kombination

 = Rennrodeln

 = Ski Alpin

 = Eisschnelllauf

= Eishockey

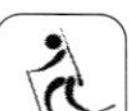 = Biathlon

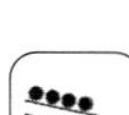 = Bobsport

= Shorttrack

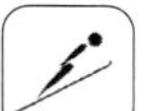 = Skispringen

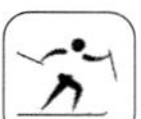 = Skilanglauf

Lösungen

19 **Aufgabe 1:** **a)** Badminton = badminton; **b)** Bogenschießen = archery; **c)** Fechten = fencing; **d)** Gewichtheben = weightlifting; **e)** Hockey = hockey; **f)** Kanusport = canoeing; **g)** Moderner Fünfkampf = modern pentathlon; **h)** Reitsport = equestrian; **i)** Rudern = rowing; **j)** Schwimmsport = swimming; **k)** Taekwondo = taekwondo; **l)** Basketball = basketball; **m)** Boxen = boxing; **n)** Fußball = football; **o)** Handball = handball; **p)** Judo = judo; **q)** Leichtathletik = athletics; **r)** Radsport = cycling; **s)** Ringen = wrestling; **t)** Schießen = shooting; **u)** Segeln = sailing; **v)** Tennis = tennis; **w)** Triathlon = triathlon; **x)** Volleyball = volleyball; **y)** Tischtennis = table tennis; **z)** Turnen = gymnastics

20 **Aufgabe 1:** **a)** Biathlon = biathlon; **b)** Bobfahren = bobsleigh; **c)** Curling = curling; **d)** Eishockey = ice hockey; **e)** Eiskunstlauf = ice figure skating; **f)** Eisschnelllauf = ice speed skating; **g)** Freistil-Ski = freestyle skiing; **h)** Skilanglauf = cross-country skiing; **i)** Nord. Kombination = Nordic combined; **j)** Rennrodeln = luge; **k)** Shorttrack = short track skating; **l)** Skeleton = skeleton; **m)** Ski Alpin = alpine skiing; **n)** Skispringen = ski jumping; **o)** Snowboard = snowboard

22 **Aufgabe 1:** Im Namen aller Athleten verspreche ich, dass wir an den Olympischen Spielen teilnehmen werden und dabei die gültigen Regeln respektieren und befolgen sowie uns einem Sport ohne Doping und Drogen verpflichten, im wahren Geist der Sportlichkeit, für den Ruhm des Sports und die Ehre unserer Mannschaft.

Aufgabe 2:
a) Ein Eid ist eine feierliche Versicherung.
b) Indivviduelle Lösungen.

Aufgabe 3: Individuelle Lösungen.

Aufgabe 4:
a) Doping ist die unerlaubte Einnahme von Aufputschmitteln zur Steigerung der Leistung.
b) Drogen sind Rauschmittel und können die Leistung steigern. Es gibt erlaubte Drogen (z. B. Alkohol, Tabak, Medikamente) und verbotene Drogen (z. B. Marihuana, Heroin, Kokain).

Aufgabe 5: Individuelle Lösungen.

23 **Aufgabe 1:**
- Ich benutze keine Dopingmittel.
- Ich nehme einen Gegenspieler in Schutz, den der Schiedsrichter unberechtigterweise des Feldes verweisen will.
- Ich lobe den Schiedsrichter für seine Leistungen.
- Ich entschuldige mich für ein von mir verursachtes Foul.
- Ich mache den Gegner nicht lächerlich.
- Ich wende keine „Schwalbe" an, d. h. ich lasse mich nicht im gegnerischen Strafraum fallen.
- Ich beschimpfe keine Zuschauer.
- Ich bemühe mich, bei Auseinandersetzungen zu schlichten.
- Ich appelliere an meine Mitspieler, fair zu spielen.
- Ich provoziere keinen Gegner.

24 **Aufgabe 1:**
a) 20 km/h = 20.000 m/h = 20.000 m : 3600 = $\underline{5,\overline{5}\text{ m/sek}}$
20 km /h entsprechen $5,\overline{5}$ m/sek.

1 h = 3600 sec.

b) 42,195 : 20 = 2,10975 Std.

60 • 0,10975 = 6,585 Min.

60 • 0,585 = 35,1 Sek.

<u>2 Std. 6 Min. 35 Sek.</u>

Der Läufer benötigte 2 Std. 6 Min. 35 Sek.

27 **Aufgabe 1:**
a) Etwa 1000 Sportlerinnen beteiligen sich an den Olympischen Winterspielen 2010.
b) Das Land gewann etwa 16,89 % der Goldmedaillen.
c) Der Olympiasieger sprang 8,34 m weit.
d) Die Olympiaachte stieß die Kugel 19,00 m weit.

30 **Aufgabe 1:** **a)** Vorbilder sind Menschen, denen man nachstreben sollte. Idole sind Personen, die angehimmelt und vergöttert werden. eidolon (griech.) = Götzenbild, Abgott

KOHL VERLAG Olympische Spiele früher & heute Ein Quantensprung im Leistungssport – Bestell-Nr. 11 321

34 Aufgabe 1:

1 = C O U B E R T I N
2 = Ö L B A U M
3 = O L Y M P I A
4 = S C H W I M M E N
5 = S K I S P R I N G E N
6 = S T A D I O N
7 = L A U S A N N E
8 = I O C
9 = M A R A T H O N L A U F
10 = Z E U S

11 = F U S S B A L L
12 = F A I R P L A Y
13 = H I P P O D R O M
14 = P E L O P O N N E S
15 = G O L D M E D A I L L E
16 = A T H E N

Bildquellen:

Seite 7:	© Ingo Mehling, wikipedia
Seite 11:	© clipart.com
Seite 15:	© Jimex 60, wikipedia
Seite 19:	© Vangelis76 - fotolia.com
Seite 22:	© typomaniac - fotolia.com
Seite 31:	© Bjarte Hetland, wikipedia
Seite 32:	© Manfred Werner, wikipedia
Seite 33:	© Picture-Factory - fotolia.com
Seite 37:	© piai - fotolia.com
Seite 38:	© clipart.com
Seite 39:	© Bjarte Hetland - wikipedia
	© Xaver Klaußner - fotolia.com
Seite 41:	© frank peters - fotolia.com
Seite 43:	© Brian Jackson - fotolia.com
Seite 44:	© Light Impression - fotolia.com
Seite 46:	© clipart.com
Seite 47:	© clipart.com
Seite 49:	© clipart.com
Seite 50:	© clipart.com
Seite 55:	© dominicruckert - fotolia.com
Seite 58:	© artikularis - fotolia.com

Klasse 5 6 7 8 9 10 11-13

Gesellschaftswissenschaften

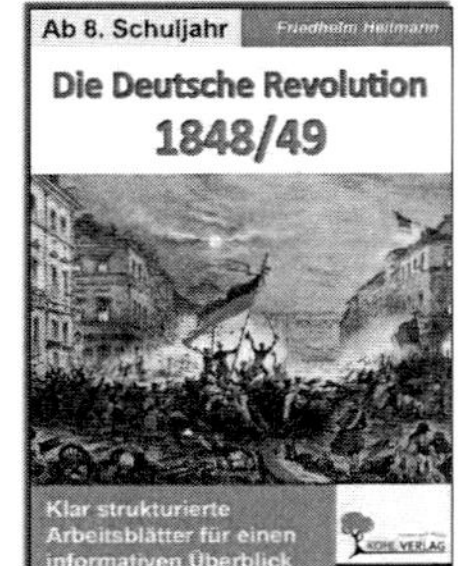

Friedhelm Heitmann

Deutsche Geschichte von 1648 bis 1806

Der Band umspannt die Entwicklung des „Heiligen Römischen Reichs Deutscher Nation" nach dem 30-jährigen Krieg mit seiner kulturellen Blüte besonders im 18. Jh. bis zu Ursachen seines Niederganges – wie z.B. die Auswirkungen der Französischen Revolution. Weitere Leitlinien sind das Verhältnis seiner zwei größten Staaten Österreich und Preußen sowie die krassen Gegensätze im Reich zwischen den Lebensweisen der Herrschenden und ihrer Untertanen.

80 Seiten	12 447	ab 15,99 €

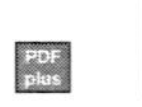

PDF plus — 8 9 10 11-13

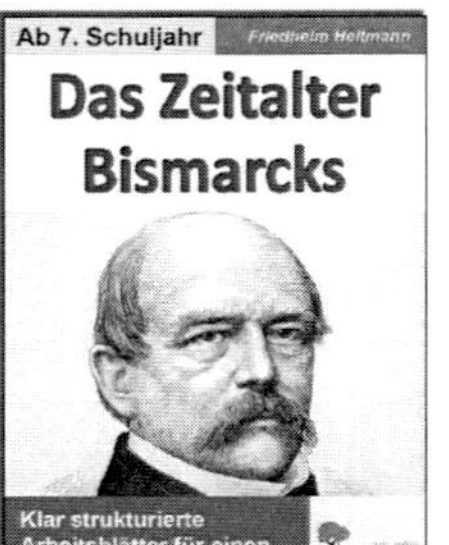

Friedhelm Heitmann

Die Deutsche Revolution 1848/49

Meist denkt man nur an die Französische Revolution von 1789, doch im Gebiet des Deutschen Bundes kam erst 1848/1849 die Zeit der Revolutionen. Schwerpunktmäßig geht es hier um Ursachen, Auslöser und Zielsetzungen der so bezeichneten „Deutschen Revolution", aber auch angrenzende Länder wie Polen, Ungarn und Italien werden angesprochen. Über den Verlauf hinaus sollen die Schüler auch zu einer Beurteilung von den Auswirkungen gelangen.

56 Seiten	12 541	ab 13,49 €

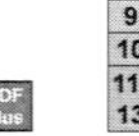

PDF plus — 8 9 10 11-13

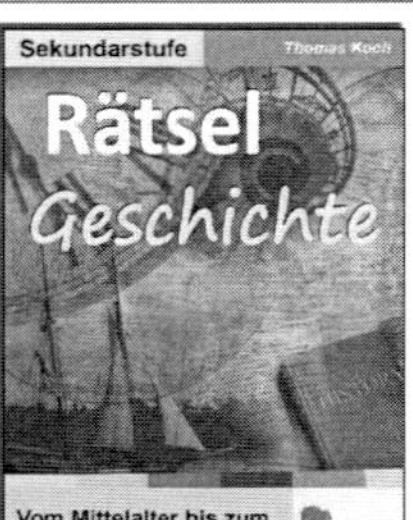

Friedhelm Heitmann

Das Zeitalter Bismarcks

Der Band befasst sich intensiv mit dem Zeitalter Bismarcks, 1862 - 1890, ohne dabei Bismarck im Sinne „Männer machen Geschichte" überbewerten zu wollen. Zielsetzung des Bandes sind die Vermittlung und Festigung wesentlicher Kenntnisse und Erkenntnisse zur politischen Entwicklung in Deutschland. Eine intensive Auseinandersetzung mit dem Ziel einer eigenen Meinungsbildung über die Bedeutung der bismarckschen Epoche ist ein wesentlicher Aspekt zum 200-jährigen Geburtstag Bismarcks.

64 Seiten	11 846	ab 13,49 €

PDF plus — 7 8 9 10 11-13

Thomas Koch

Rätsel Geschichte

Vom Mittelalter bis zum Ende des Kaiserreiches

Die Rätsel zu den einzelnen Epochen bieten Wiederholung, Festigung und Übung, sie sind aber auch zur Differenzierung geeignet. Jeder Rätselaufgabe geht ein Infoteil vorweg und kann daher auch von fachfremd Unterrichtenden bestens eingesetzt werden. Schlüsselbegriffe und ausführliche Lösungen runden den Inhalt ab. Ein Zeitstrahl gibt jedem Thema die passende Zuordnung in der Geschichte.

72 Seiten	12 214	ab 15,99 €

FÖ INK PDF plus — 5 6 7 8 9

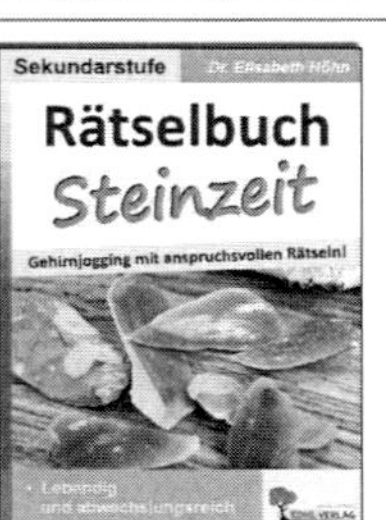

Elisabeth Höhn

Rätselbuch Kelten, Germanen & Wikinger

Bei bekannten Kindergeschichten rund um Germanen, Kelten oder Wikinger stellt sich immer die Frage: Wie viel Wahrheit steckt in ihnen? Hatten die Gallier wirklich Sänger mit kleinen Harfen, die sich für etwas Besonderes hielten? Waren die Germanen so wild und furchterregend anzuschauen, wie es ihre römischen Kriegsgegner uns überlieferten? Und warum hatten die Wikinger den Ruf, dass sie so ein gefährliches Volk seien? Ja, waren sie überhaupt ein Volk? Eine „rätselhafte" Reise durch dreitausend Jahre europäischer Geschichte.

108 Seiten	12 956	ab 20,49 €

5 6 7 8 9 10

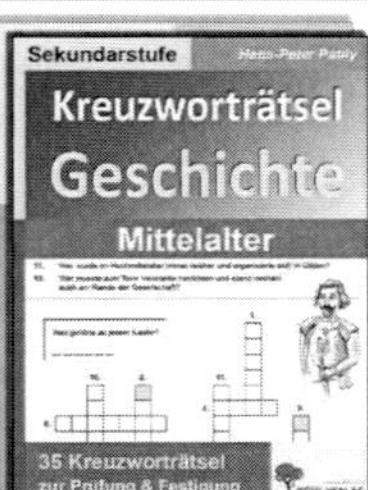

Elisabeth Höhn

Rätselbuch Steinzeit

Die Schüler lernen mit diesem Arbeitsheft Wissen über steinzeitliche Techniken wie Feuermachen, Steinbearbeitung, Zubereitung des Essens nach Steinzeitsitte und Schmuckherstellung. Auch Bogenbau und Herstellen von Pfeilspitzen aus Knochen geben Einblick in das Leben unserer frühen Vorfahren. Das Buch zeigt, wie die Menschen in der Steinzeit wohnten, wie sie jagten, wovon sie lebten und mit welchem Geschick und mit welcher Kunstfertigkeit sie ihr Leben gestalteten. Spannende Arbeitsblätter für zwischendurch!

92 Seiten	12 957	ab 17,49 €

5 6 7 8 9 10

Hans-Peter Pauly

Kreuzworträtsel GESCHICHTE

Prüfung & Festigung des Allgemeinwissens

Prüfung und Festigung des Allgemeinwissens mit Kreuzworträtseln. Ob Regelunterricht, Projektarbeit, Vertretungsstunde – einfache bis knifflige Fragen zu verschiedensten Bereichen aus dem Lehrplan.

48 S.	Altertum	11 244	ab 13,49 €
48 S.	Mittelalter	11 245	ab 11,99 €
48 S.	Neuzeit	11 246	ab 13,49 €
64 S.	Neueste Zeit	11 247	ab 13,49 €

PDF plus — 5 6 7 8 9 10

Friedhelm Heitmann

Deutsche Geschichte im 19. Jahrhundert

Inhalt: *Deutschland in der 1. Hälfte des 19. Jhdts.; Befreiungskriege; Das Lied der Deutschen; Beginn der Industrialisierung; Die soziale Frage; Kinderarbeit; Die deutsche Revolution; Vom Deutschen Bund zum Deutschen Reich; Innen- & Außenpolitik; Bismarck; Gliederung der Gesellschaft; Die Rolle der Frau u.v.m.*

84 Seiten	11 363	ab 17,49 €

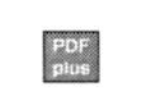

PDF plus — 7 8 9 10 11-13

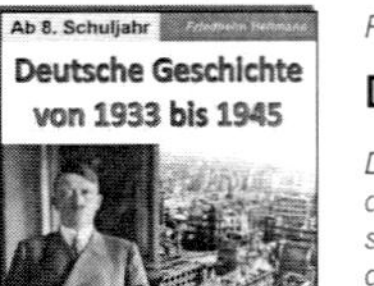

Friedhelm Heitmann

Deutsche Geschichte von 1900 bis 1933

Inhalt: *Kolonien; Kaiserzeit; Der Erste Weltkrieg; Auf dem Weg zur Weimarer Republik; Die politische Entwicklung in Deutschland; Gegner der Weimarer Republik; Niedergang der Weimarer Republik u.v.m.*

80 Seiten	12 242	ab 16,49 €

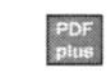

PDF plus — 8 9 10 11-13

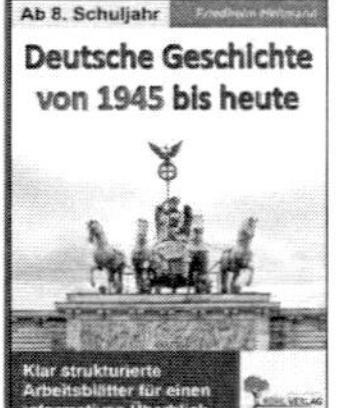

Friedhelm Heitmann

Deutsche Geschichte von 1933 bis 1945

Der Band setzt sich mit dem (wohl) dunkelsten, schrecklichsten Zeitabschnitt der deutschen Geschichte auseinander. Gemeint ist die Terror- und Mordherrschaft der Nationalsozialisten. In der ersten Hälfte befasst sich der Band mit der Entwicklung im Zeitraum 1933-1939, in der zweiten Hälfte mit dem Zweiten Weltkrieg (1939-1945).

88 Seiten	12 339	ab 18,49 €

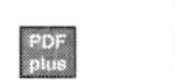

PDF plus — 8 9 10 11-13

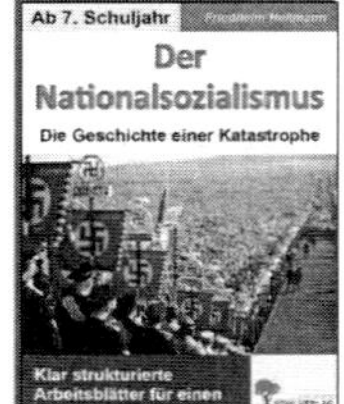

Friedhelm Heitmann

Deutsche Geschichte von 1945 bis heute

Die Ereignisse der jüngeren Geschichte Deutschlands seit dem Jahr 1945 werden erarbeitet. Neben geschichtlichen Kenntnissen wird dabei auch wichtiges Allgemeinwissen erweitert und zur kritischen Auseinandersetzung mit aktuellen Entwicklungen angeregt. Darüber hinaus enthält das Werk mehrere vorbereitete Lernzielkontrollen.

80 Seiten	12 173	ab 16,49 €

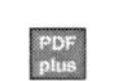

PDF plus — 8 9 10 11-13

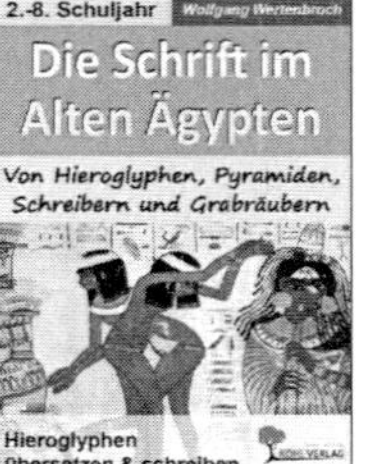

Friedhelm Heitmann

Nationalsozialismus — Die Geschichte einer Katastrophe

Der Band zeigt die Menschenverachtung der damaligen Diktatur. Gleichzeitig werden die Privilegien der in einer Demokratie lebenden Menschen aufgezeigt, damit diese zu schätzen gelernt werden. Der Nationalsozialismus hatte teilweise eine viel größere Dimension erreicht, als sich die Schüler heute das vorstellen können.

72 Seiten	11 317	ab 15,99 €

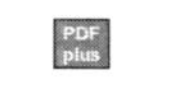

PDF plus — 7 8 9 10 11-13

Wolfgang Wertenbroch

Die Schrift im Alten Ägypten

Hieroglyphen, Pyramiden, Schreiber & Grabräuber

Die Schüler lernen, handelnd in die Kultur der Alten Ägypter einzutauchen, sie nachzuvollziehen und zu erleben – indem sie die Schrift der Hieroglyphen lesen und schreiben. Hierbei wird jede Menge Freude durch Lernerfolg freigesetzt.

48 Seiten	11 198	ab 13,49 €

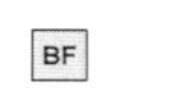

BF — 5 6 7 8

Sabrina Hinrichs

Mumien & Hieroglyphen

Ägyptische Geschichte in Rätseln

Pyramiden, Sphinxe, Sarkophage und Mumien ... wer ist nicht von der Welt der alten Ägypter fasziniert? Diese Faszination wird hier aufgegriffen und als Motor für die Bearbeitung dieser Rätsel genutzt. Informative Wissenstexte wechseln sich mit altersgerechten Rätseln ab. Die ägyptische Geschichte wird altersgerecht erklärt und mit Rätselspaß kombiniert vermittelt.

48 Seiten	12 782	ab 13,49 €

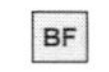

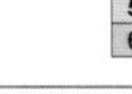

BF — 5 6

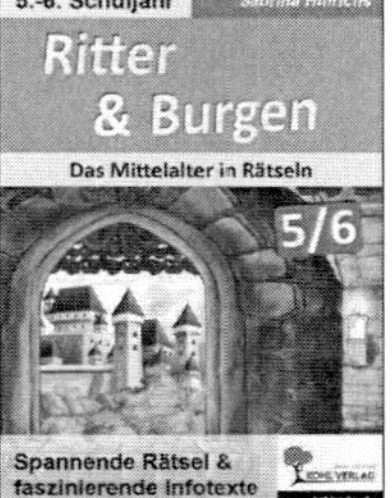

Sabrina Hinrichs

Ritter & Burgen

Das Mittelalter in Rätseln

Mittelaltermärkte, Ritter und Burgen faszinieren Kinder. Diese spannenden Themen werden aufgegriffen und mit altersgerechten Rätseln kombiniert. Wie lebten die Menschen im Mittelalter? Wie sah eine mittelalterliche Stadt aus? Wo und warum wurden Burgen gebaut? Wann und wie wurde jemand zum Ritter geschlagen? Eine spannende Zeitreise beantwortet diese Fragen und nimmt die Schüler mit in eine vergangene Zeit: das Mittelalter.

64 Seiten	12 967	ab 14,99 €

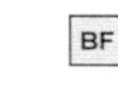

BF — 5 6